江乐兴◎编著

THOUGHT STORM

500
思维飓风

500道思维游戏与详解

外文出版社
FOREIGN LANGUAGES PRESS

图书在版编目（CIP）数据

思维飓风：500道思维游戏与详解/江乐兴编著.
—北京：外文出版社，2010（2014.6重印）
ISBN 978-7-119-06296-9

Ⅰ.①思… Ⅱ.①江… Ⅲ.①智力游戏… Ⅳ.①G898.2…

中国版本图书馆 CIP 数据核字（2010）第 042850 号

出版策划：华夏鼎盛
责任编辑：钟　文
装帧设计：天下书装
印刷监制：冯　浩

思维飓风：500道思维游戏与详解

江乐兴/编著

© 2011 外文出版社

出版发行：**外文出版社**
地　　址：中国北京西城区百万庄大街24号　　邮政编码 100037
网　　址：http://www.flp.com.cn
电　　话：(010) 68320579/68996067（总编室）
　　　　　(010) 68995112/52881098（发行部）
　　　　　(010) 68327750/68996138（版权部）
制　　版：刘同彩
印　　制：北京龙跃印务有限公司
经　　销：新华书店/外文书店
开　　本：690mm×960mm　1/16
印　　张：16
字　　数：156千字
装　　别：平
版　　次：2014年6月第1版第2次印刷
书　　号：ISBN　978-7-119-06296-9
定　　价：29.80元　　　　　　　　　　建议上架：思维训练

目 录 Contents

第5章

50 道创新思维游戏

第6章

50 道观察思维游戏

第 7 章

50 道辐射思维游戏

第8章

50道空间思维游戏

第一章 51道想象思维游戏

1 少了一块的蛋糕

难度：★★
时间：5mins

看看图中的蛋糕,你能找到蛋糕上少了的一块吗?

📖 游戏提示

把图颠倒过来,再仔细观察。

2 娶公主的条件

难度：★★★
时间：10mins

一位王子向智慧公主求婚。智慧公主为了考验王子,就让仆人端来两个盆,其中一个装着10枚金币,另一个装着10枚同样大小的银币。仆人把王子的眼睛蒙上,并把两个盆的位置随意调换,请王子随意选一个盆,从里面挑选出1枚硬币。如果选中的是金币,公主就嫁给他;如果选中的是银币,那么王子就再也没有机会了。王子说:"能不能在蒙上眼睛之前,任意调换盆里的硬币组合呢?"公主同意了。

请问:王子该怎么调换硬币才能确保更有把握娶到公主呢?

📖 游戏提示

可以任意调换盆里的硬币组合,那就想办法将选中金币的几率提高。

3 蜡烛会灭吗

难度：★★★
时间：8mins

在一个大玻璃瓶中注入充满玻璃瓶2/3的水,将一根铁钉插进蜡烛的下部,使蜡烛能更好地固定。现在把蜡烛放进水里,只留下一小部分在外面,然后用火柴点燃蜡烛。过一段时间以后,当蜡烛燃烧至与水面平行时,蜡烛是会熄灭还是会继续燃烧?

游戏提示

蜡烛燃烧时会有蜡液流下,但因为蜡烛是置于水中的,想象一下蜡液遇到水会发生什么事情,这道游戏也可以自己动手来试一试。

4 从地道里过境的间谍

难度:★★
时间:12mins

A、B两个国家在闹边界纠纷。A国的间谍企图偷越边界进入B国,以盗取可靠的信息。但由于对方戒备森严,未能成功。在无可奈何的情况下,A国的间谍想挖掘地道偷越边界。不过,这个方案似乎行不通,因为挖出的浮土一增加,就一定会被敌人的侦察机发现。那么,先盖一所小房子,把浮土藏在里面行不行呢?可是这个方法似乎也不行。因为房子不可能盖得很大,浮土一增加,就需要把它运到小房子外面去,同样会露出破绽。

那么,这个间谍到底要怎样才能越境呢?

游戏提示

不能让对方国家发现自己越境,就要想办法把从地道里面挖出的泥土藏起来。

5 北极探险的故事

难度:★★★
时间:10mins

英国两个探险爱好者到冰天雪地的北极探险,被一条冰河挡住了去路。他们想游过去,但冰河很宽,水又很凉,很可能会被冻死;他们想绕过去,可是沿着河岸走了半天,也绕不过去。"要是有树就好了。"一个探险家说,"我们有斧子、铁棍等工具,可以造一只木船。"可是,这里到处是厚厚的冰雪,上哪里去找树呢?

后来,另一位探险者想了一个办法过了河,他们没有用到树,而且他们的身体没有被河水沾湿,请问他们是用什么办法过河的?

游戏提示

既然要过河,就要想尽办法利用一切的材料造一条船。

6 电梯里的谜题

难度：★★
时间：5mins

黛西住在一幢高层大楼的第16楼。平常她和珍妮一起出去，但是某一天，珍妮生病了，她只好独自出去了。她乘电梯到了一楼，然后上了公交车。在她回来的时候，她乘电梯仅仅到了5楼，然后爬楼梯到了第16楼。电梯没有出故障，而黛西也的确宁愿乘电梯也不愿走那么久的路。那么，她那天那么做到底是为什么呢？请你给出一个合理的解释。

🔖 游戏提示

黛西是一个上学的小女孩。

7 世界第三长河

难度：★★★
时间：5mins

世界第一长河是尼罗河，世界第二长河是亚马逊河，我国的长江是世界第三长河。那么，在长江没有被测量出长度以前，哪条河是世界第三长河呢？

🔖 游戏提示

不管长江的长度测定与否，长江始终在世界上排名第三。

8 婚姻如儿戏

难度：★★
时间：5mins

有一个人在婚姻的问题上下不了决心，不知道如何去选择。于是，他想去听听占卜先生的意见。街上有两个占卜先生甲和乙，甲告诉他："我说的话，有60%是正确的。"乙告诉他："我说的话，只有20%是正确的。"这个人想了想，选择乙给他算命了。你知道这是为什么吗？

甲　　乙

 游戏提示

这个游戏要运用反向思维来解答。

9 正方形变魔法

难度:★★★
时间:5mins

森林里上数学课了,大象校长对小动物们说:"今天我要给大家变个魔法。"于是,它在黑板上画了一个正方形,并切去了一个角。它问小动物们,这个正方形还剩几个角。"5 个。"小动物们回答。校长接着又说:"你们重新画一个正方形,切去一个角,能让它变成其他的答案吗?"这下可难倒了这群调皮的动物。你来告诉它们正确的答案吧。

📖 游戏提示

正方形去掉一个角可以变成五边形,还可以变成三角形、梯形。

10 即兴表演

难度:★★★
时间:8mins

英国某个大型电视剧正在紧张的拍摄过程中,因为其中的女一号因病不能到场,必须紧急寻找一个合适的替身拍一些远景戏。这天剧组举办了一场紧急试演会,有位 W 小姐前来应征。她独自进入举行试演的房间之后,评审委员说:"请做个动作和台词的即兴表演,什么都可以。"W 小姐当场做了一个表演,结果不必等到试演完毕剧组就不得不采用 W 小姐了。

W 小姐究竟做了什么表演使得剧组不得不录用她呢?

📖 游戏提示

即兴表演并没有特殊的要求与规定,但 W 小姐做的肯定是与众不同的。

11 动物园里的鳄鱼池

难度:★★
时间:5mins

动物园的鳄鱼池边游人如织,但经常有一些不文明的游客往鳄鱼池里扔垃圾,工作人员想了好多办法都没有解决这个难题。一个聪明的工作人员想了一个办法,在鳄鱼池边立了一块标牌,上面写了一句话,立刻杜绝了乱扔垃圾的现象。这是怎样的一句话呢?

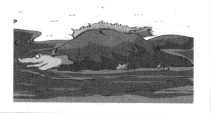

游戏提示

鳄鱼是一种食肉动物,没有人敢到池里去。如果告示牌抓住了这一点,就可以杜绝鳄鱼池里有垃圾的难题了。

12 敲门的生物

难度:★★★
时间:5mins

地球上唯一存活下来的男人,坐在桌旁准备写资料,突然外面传来敲门声。人类以外的动物早就死光了,也不可能是石子被风吹起打在门上的声音。当然,外星人也没有入侵地球,那么,是谁在敲门呢?

游戏提示

不要往一些稀奇古怪的东西上面去想,只要抓住写资料的是唯一的男人就可以找到问题的答案。

13 找谁理发

难度:★★
时间:5mins

一位科学家来到一个小镇,他发现镇上只有两位理发师,每人各有自己的理发店。科学家先察看了一家理发店,一眼就看出它非常脏,理发师本人衣着不整,而且头发凌乱,这说明这个理发师理得很蹩脚;另一家理发店,店面崭新,理发师的胡子刚刮过,而且头发修剪得非常好。科学家稍作思考,便返回了第一家理发店。你猜这是为什么呢?

游戏提示

镇上只有两位理发师,这两位理发师必然要给对方理发。

14 爱吃醋的女朋友

难度:★★★
时间:8mins

怀特是一个不折不扣的花花公子,在经历过多次恋情后,终于找到了一个他认

为不错的女朋友。但是,这个女朋友有一个小缺点,就是爱吃醋。这天,他和现在的女朋友在一起吃饭的时候,一不小心把口袋中的东西全掏了出来。这些东西有酒吧的打火机、兑奖的奖券、便条和旧情人的照片。他在慌张之际,要用手去挡住一些东西,这样可以避免和女朋友之间的不愉快。那么,他用双手挡住的最有效的东西是什么呢?

👉 游戏提示

最有效的方式是遮住能看见一切的东西。

---

15 智取网球

难度:★★

时间:8mins

詹姆斯和女友在打网球时,网球落入地面上的一个坑洞里。这个坑洞不仅弯弯曲曲,而且也不大,其直径只有 20 厘米左右。手不能进去把球取出,地面土质又硬又黏,也不好挖掘。你说在不损坏网球的前提下,怎样取出才好?

👉 游戏提示

黏性土质具有渗透性差的特点,而网球又具有轻的特点。

---

16 惊心动魄的比赛

难度:★★

时间:8mins

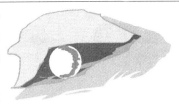

在一次高尔夫球比赛中,有个选手接连打出不少好球。就在他胜利在望,准备最后一击时,高尔夫球滚进了一个不知谁扔在球场的纸口袋中。此时不能用手触球,用高尔夫球杆击打纸口袋也算一次击球,因此必须小心翼翼。可是,球在纸带中,怎样才能在不动高尔夫球的情况下,让高尔夫球安全脱离纸带呢?

你能有一个什么办法来解决这个问题吗?

👉 游戏提示

想想什么办法能在不触及纸袋的情况下让它消失。

17　聚会

难度：★★★★
时间：10mins

杰克在雨天不出门,阴天或晴天倒还好说;詹尼性格怪僻,阴天或雨天还可以,天一晴就不愿离开家;凡可讨厌阴天,只有晴天或雨天出门。但是他们约好要聚会。现在不知道聚会日的天气情况,而且那天的天气情况一直不变的话,你说他们能聚会吗?怎么聚会?

🖘 游戏提示

3 种天气,3 个性格怪僻的人,每一种天气都有不愿意出门的人,看来要约好一个地点聚会不可能了。但是没有规定,3 个人必须到聚会的地点碰面,他们可以在某一个人的家里聚会。

18　令人头疼的牧羊犬

难度：★★★
时间：8mins

住在伦敦的一位名流夫人,特地从美国买回来一只长毛牧羊幼犬。为了使这只幼犬变成世界第一的名犬,她便送它到以训练动物闻名的德国哈根别克大学。一年

后,长毛牧羊犬学成后返回夫人身边。以为牧羊犬能有很强大本领的夫人没想到,牧羊犬连坐、举手等基本动作都没有学会。可根据训练师信中所写,这只犬能够做出主人所下达的命令和动作。这位夫人为此百思不得其解,请问这是怎么回事?

🖘 游戏提示

可以从幼犬受训的地点去找原因。

19　谁戴最大号帽子

难度：★★
时间：5mins

寒冷的冬天,在美国纽约的机场上,戴最大号帽子的人是谁?

🖘 游戏提示

不要被"寒冷的冬天""在美国纽约机场上"这样多余的条件绕晕了。

20 奇异的等式

难度：★★★
时间：10mins

今天，汤姆上自然课时，老师写了几道奇异的等式。同学们看到老师的这个题目，都猜不透老师的意思。是要他们判断哪些题目错了吗？可是，这些题目非常简单，一眼就可以看出答案。老师的葫芦里到底卖的什么药？

看着同学们疑惑的眼光，自然老师说："同学们，你们知道在什么样的情况下，下面的等式成立吗？"

24+36=1
11+13=1
158+207=1
46+54=1
3-2=1

📧 游戏提示

可以从计算时间方面的单位着手，比如分秒之间的联系、年月之间的联系等。

21 在黑暗中看报的人

难度：★★
时间：5mins

在漆黑的夜里，有一个人在房间里看报纸。这时，突然停电了，屋里伸手不见五指。但那个人仍能继续读，一点儿也不受影响。这到底是怎么回事？

📧 游戏提示

正常的人不可能在黑暗中看报纸。

22 想吃骨头的小狗

难度：★★
时间：8mins

一根2米长的绳子将一只小狗拴在树干上，小狗贪婪地看着地上离它2.1米远的一块骨头，却够不着。它该用什么方法来抓骨头呢？

📧 游戏提示

2米的绳子加上小狗可能就不止2.1米长了。

23　一模一样的试卷

难度：★★
时间：5mins

考生在绝对不能作弊的考场中进行测验,居然出现了两张完全一模一样的答卷。如果说这不是一种偶然现象,那么你认为在什么情况下会出现这种现象?

📖 游戏提示

试卷并不是只有做了才会有不同的结果。

24　稀奇的饭店

难度：★★★
时间：10mins

曾经有一家稀奇的饭店,卖的酒也是稀奇古怪。客人无不感到新鲜有趣,虽然每每阴差阳错,但还是有人乐此不疲。这家酒店平时只卖两种酒,一种好的,一种不好的。怪就怪在它居然还有一条奇特的规定:想喝好酒的人必须从4米多高的竹竿上,将装满好酒的酒瓶拿下来,而且不准用梯子,也不许把竹竿砍断或放倒而且不能攀爬。许多人只能望着酒瓶垂涎。你有办法喝到好酒吗?

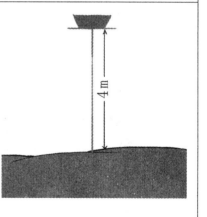

📖 游戏提示

想想哪些地方是能够让竹竿低于人的站立位置的。

25　什么字母最好听

难度：★★
时间：5mins

26个英文字母中哪两个字母很多人都喜欢听呢?

> **游戏提示**
>
> 都喜欢听的就应该是好听的了,不要单纯从字母上去考虑。

26 近视眼购物

难度:★★★
时间:15mins

露丝的视力相当差,几乎是取下眼镜便什么也看不见了。虽然平时她戴有框眼镜的次数多于戴隐形眼镜,但在购买某件物品的时候,她觉得还是戴隐形眼镜比较适合。那么,露丝购买的是什么物品呢?

> **游戏提示**
>
> 这件物品肯定是要拿掉眼镜才能购买的。

27 糟糕的司机

难度:★★★
时间:8mins

赛尔特是警察公认的城里最糟糕与最危险的司机,他经常在马路上开着车狂飙,不是闯红灯、超速,就是在单行道上逆向行驶。然而,奇怪的是,他在将近 20 年的时间内,都没有一次违规记录,也没有被警察逮捕或告诫,驾照上没有任何不良记录。你知道这是为什么吗?

> **游戏提示**
>
> 想想开车就会违章的司机在什么情况下才会不违规。

28　击中帽子的妙方

难度：★★★
时间：8mins

英国某一个部队的战士们正在练习射击。连长用眼罩把一个战士的眼睛蒙上，又把自己的帽子挂起来，让这个兵向前走了40米，然后反身开枪，要求子弹必须击中那顶帽子。那个士兵要怎么做，才能击中那顶帽子呢？

📖 游戏提示

题目只是说把帽子挂起来，并没有说挂在哪里。

29　蛋下落的方向

难度：★★
时间：5mins

玛丽家里养了一大群母鸡。清晨，母鸡们都该出来晒太阳了。一只母鸡先向着太阳飞奔了一会儿，然后掉头回到草堆旁，转了一圈后，又向右边跑了一会儿，然后向左边的同伴跑去。它与同伴在草堆里转了半圈后，忽然下了一个蛋。请问：蛋是朝什么方向落下的？

📖 游戏提示

不要被题中复杂的条件所迷惑。

30　摘苹果的怪人

难度：★★★
时间：8mins

一个没有双眼的人看到树上有苹果，他摘下了苹果又留下了苹果。这是为什么呢？

📖 游戏提示

没有双眼的人并不代表他没有眼睛。而摘了苹果又留下了苹果，那么树上的苹果至少有1个以上。

31　太阳变月亮

难度:★★
时间:8mins

这是一个在空闲时期娱乐的好游戏。找一两个朋友,让你的朋友把"亮月"这个词迅速地说 15 遍,然后再让他把"月亮"迅速地说 15 遍。等他说完后,你马上问他你叫什么,让他快速回答。

除了这个问题,你还可以想些其他的问题让他回答。

📖 游戏提示

说完 15 遍月亮后,一般的人还没有从月亮的思维中反应过来,所以得到的答案也非常有趣。

32　正方体切一刀

难度:★★★
时间:8mins

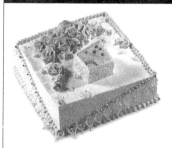

星期天的早上,罗莉拿出一个正方体状的蛋糕准备当自己的早餐。这个蛋糕非常有意思,一刀切去一半,蛋糕就还有 5 个面,那么把这块蛋糕随便切上一刀,还可能剩下几个面呢?

📖 游戏提示

答案不止一个,而且必须靠自己实践才能得出准确的结论。

33　不负责任的交通警察

难度:★★
时间:5mins

每个国家的交通规则都明文规定:有步行者横过公路时,车辆就应停在人行道前等待。可是偏偏有个汽车司机,当交叉路口上还有很多人横过马路时,他却突然撞进人群中,全速向前跑。

这一奇怪的现象并没有引起交通警察的重视,难道是这个交通警察一点也不负责任吗? 你来评价一下。

📖 游戏提示

汽车司机一定要开汽车吗?

34　打架的公鸡

难度：★★★
时间：5mins

右图是两只美丽的公鸡，可惜的是，这两只公鸡在打架。你瞧，它们美丽的尾巴竖了起来，尖尖的嘴巴就要啄到对方的身上了。

如果，你用笔在这个画面上添上一笔，能让两只打架的公鸡变成一只公鸡在嬉戏吗？

游戏提示

这两只公鸡长得一模一样，相互间好像看见了自己的影子。

35　勇敢的跳伞者

难度：★★
时间：8mins

在海拔1000米的高度，一架直升飞机在盘旋，这是某一个国家的空军在进行空中训练。这时，机舱门打开了，一个没带降落伞的士兵勇敢地跳下来。落地后，居然若无其事地走开了。

请问：这是怎么回事？

游戏提示

知道了海拔的明确定义，就能轻而易举地解答这个题目。

36　激烈的古代战争

难度：★★★
时间：8mins

古印度，一个国王有两匹马，他将它们用于对邻国的战争。某一天，两个国家的战斗打响了，而且进行得很激烈，邻国的战马都牺牲了。战斗结束时，无论是胜者还是败者，都肩并肩地躺在一起。

请问：这到底是什么战斗呢？

游戏提示

这个谜题的答案与我们常玩的一种棋类有关。

37 狼吃羊
难度：★★★
时间：5mins

下雪天，有一只狼找不到吃的东西，饿得瘦瘦的，于是它想到农庄里找食。在一个晚上，它趁着黑到了农庄，发现有一只肥羊被关在一个铁笼子里，而笼子的缝隙正好可以让这个狼钻过去。可是，如果吃完羊再出来的话，就出不来了。但是狼不想放弃这次饱餐一顿的机会。那么，这只狼怎么做才能吃到羊并且可以从容逃脱呢？

📖 游戏提示

东西成了碎片就可以从笼子里拿出来了。

38 番茄汁到哪里去了
难度：★★
时间：5mins

在美国某一个州的某一个农场里，有一个粗心的先生。一天，他自己在家里做了很多番茄汁。可等他不注意的时候，他的两个儿子就开始拿着这些番茄汁开始了游戏。哥哥站在窗下，淘气的弟弟就把一杯番茄汁朝哥哥的头上倒下去了。番茄汁正好成一条线，落向哥哥的头上。粗心的先生大惊失色，连连埋怨自己的儿子，因为番茄汁倒到了地上，他又要忙着打扫卫生，还要另外制作番茄酱。可当他赶到窗户边一看时，却发现了一个奇怪的问题，哥哥头上一滴番茄汁也没有，地上也没有洒下去的痕迹。请问，番茄汁到底到哪里去了？

📖 游戏提示

地上没有番茄汁，头上也没有番茄汁，而且番茄汁是一种可以食用的东西。那么，番茄汁的去处只有一个可能。

39 旋转的圆圈
难度：★★
时间：5mins

小罗利拿着 3 个圆圈在玩耍，她把这 3 个圆每分钟分别转 3 圈、4 圈、5 圈，多少分钟后，这 3 个圆可以组成一个完整的三角形？

📖 游戏提示

了解三角形的特点就知道此问题的答案了。

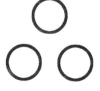

40　获奖感言

难度：★★
时间：5mins

比尔是一个非常爱好赛车的人,也经常参加一些赛车比赛,但遗憾的是,他从未拿过奖,而且经常得倒数第一。这次的赛车比赛,比尔获得了冠军。记者问他:"你每次比赛都是倒数第一,这次却一举夺魁,请问有什么诀窍?"

但是,比尔的回答让记者很失望。你猜他说什么?

☞ 游戏提示

一个从未得过冠军的人得了冠军,这个意外应该出在车子上面。

41　吃硬币的小狗

难度：★★★
时间：8mins

小狗波比不小心吞下 1 元钱,主人看见后,就把它倒过来拍。这一拍,波比却吐出 10 元钱。这时,主人接下来会做什么?

☞ 游戏提示

人性是贪婪的,得到了好处,总想要更多。

42　想象力丰富的学生

难度：★★
时间：8mins

汤姆老师布置一篇课堂作文,题目是《假如我是总裁》。这时,绝大部分学生马上埋头写作,只有一位学生靠在椅子上无动于衷。汤姆老师问他为什么不写,他说了一句话,让汤姆老师无话可说。

你猜,他的回答是什么?

☞ 游戏提示

当上了总裁,平常的业务就一定很忙,需要他人协助。

43 巧拿鸡蛋
难度：★★★
时间：8mins

在全球提倡环保的情况下,很多国家的便利店、超级市场都不提倡用塑料袋了。这天,杰克穿着背心、短裤,打完篮球准备回家时,想起了妻子交待要买的鸡蛋。于是,他跑到便利店买了10多个鸡蛋回家了。便利店没有袋子,杰克没有把自己的衣服脱下来装鸡蛋,也没有其他可以装鸡蛋的工具,但他还是把这些鸡蛋拿回家了。你知道杰克是怎样把鸡蛋拿回家的吗?

☞ 游戏提示

装鸡蛋的工具就是他手里的篮球。

44 买东西
难度：★★
时间：5mins

比尔的商店里面来了两位特殊的客人。首先是一个哑巴,他要买钉子。他先把右手食指立在柜台上,左手握拳向下做敲击的动作。见到这样的动作,比尔以为他要的是锤子,便给他拿来了一把锤子,但哑巴连连摇头,于是比尔明白了他想买钉子。哑巴买完钉子后高兴地走了。这时又进来了一个盲人,她想买一把剪刀,你觉得她会怎么做?

☞ 游戏提示

买东西时,只有不能说话的人才会用肢体语言表达自己想要的东西。

45 鸡蛋站立的诀窍
难度：★★★
时间：8mins

在一次聚会时,曼迪出了一道难题。他拿来一个鸡蛋对所有的来者说:"谁能把这个鸡蛋立在桌子上?"

参加聚会的人左立右立,但怎么也立不起鸡蛋,所以他们只好向曼迪求教。曼迪只做了一个动作,就轻而易举地把鸡蛋立起来了。你知道怎样才能做到吗?

☞ 游戏提示

只要在鸡蛋上面做上一个小动作就能把鸡蛋立在桌面上了。

46 箭头变方向

难度：★★★
时间：15mins

托姆斯在一张硬纸板上画了一个非常精致的箭，然后，把这幅画对准桌上的某个

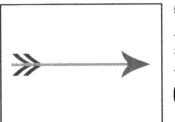

物体，使箭头正好指向它（如图所示）。做完这一切后，托姆斯找了一个伙伴，说可以在不接触这张纸板或者移动桌子的情况下使这支箭改变方向转向另一边。你认为这可能吗？

☞ 游戏提示

此题可以充分运用光的折射。

47 地震后的情况

难度：★★★
时间：8mins

美洲某地发生了大地震，伤亡惨重，收音机里不断播报受灾情况以及寻人启事，詹西一直在注意收听收音机的报道。

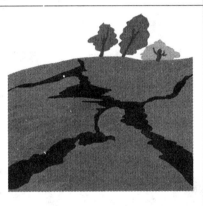

有人问他："收音机里播放过你孙子的消息吗？"他回答说："没有。"接着他又说："但我知道我孙子肯定平安无事。"他凭什么这么说呢？

☞ 游戏提示

收音机里从来没有播放过他孙子的消息，但他知道自己的孙子是平安的，那么，他的孙子与这个播音员有联系。

48 装修房子

难度：★★
时间：10mins

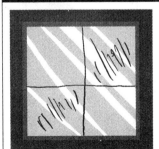

哈密斯买了一栋新房子，他想把自己的房子装修得特殊一点。如一个窗户，高和宽都是 2 米，他想把它的一半面积漆成蓝色，而同时要留出一个无漆的正方形。那么，他要怎么做才能漆好这个窗户呢？

☞ 游戏提示

可以先把窗户平均分成 4 份，然后再想办法。

49 切馅饼

难度：★★
时间：8mins

这是一个古老的思维游戏。在许多年前的一个感恩节上,很多人在布拉德福总督的家里吃完饭后,布拉德福拿出一个馅饼就开始了游戏。他说:如果在馅饼上切4下,那么,最多可以切成多少大小不同的块呢？你知道吗？

游戏提示

既然是大小不同的块,那么在切馅饼的时候要尽可能让切的线相交。

50 小狗吃骨头

难度：★★
时间：5mins

小狗汤姆被一根10英尺长的绳子拴在一棵树上。中午到了,主人把他的食物放在离它15英尺远的地方。于是,汤姆跑去并开始吃起来。没有诡计,绳子没有断,树也没有弯。那么,汤姆是怎样做到的呢？

游戏提示

食物离狗的距离有15英寸,但以树为中心,小狗可以活动的范围有2个10英寸

51 挑剔的罗娜

难度：★★★
时间：8mins

罗娜对什么都挑剔,对于数字就更加敏感。她喜欢225,不喜欢224;喜欢900不喜欢800;特别爱144,但讨厌145。

根据以上信息,请你判断出她是喜欢1600还是1700？

游戏提示

思考一下225、900、144都有一种什么样的特殊性质。

答　案

第 1 章　51 道想象思维游戏

1. 把图颠倒过来,就能看到这块蛋糕了。

2. 王子可以在装有金币的盆里留 1 枚金币,把另外 9 枚金币倒入另一个盆里,这样另一个盆里就有 10 枚银币和 9 枚金币:如果他选中那个放 1 枚金币的盆,选中金币的几率是 100% ;如果选中放 19 枚钱币的盆,摸到金币的几率最大是 9/19。王子选中两个盆的几率都是 1/2。所以,根据前面的两项几率,得出选中金币总的几率是 100% × 1/2 + 9/19 × 1/2 = 14/19。这样就远远大于原来未调换前的 1/2。

3. 蜡烛不会灭,过一会儿你会发现,尽管露在水面上的蜡烛已经渐渐燃尽,但是蜡烛的火焰却没有熄灭,它仍然会在水中继续燃烧。这是因为蜡烛燃烧形成的蜡液经水冷却后,在水面上构成了一层很薄的外壁,这层外壁将水和火焰隔离开来,这样火焰就不会熄灭,而是继续在水面上燃烧。

4. 首先建一座小房子,挖出地道中的一部分土,然后一面向前挖,一面用挖出的土填埋身后的地道,就可以安全地偷越边界。也许有人会这样想,这样做会不会把气孔堵死呢?其实这是不必担心的。既然小房子里堆着一部分浮土,那么在地道里就一定有相当于那土堆体积的空隙存在,足以供偷越国境者呼吸。

5. 其中一个探险者建议用冰造一条船,兄弟俩乘冰船过河。因为冰比水轻,所以冰船是可以浮在水面上的。

6. 黛西是个每天上学、放学回家的小女孩。当她早上进入电梯时,她可以够得着标有"1楼"的底部按钮。但是回家时,她够不着任何高于"5 楼"的按钮。如果与成年人珍妮作伴,那么黛西可以请她帮忙按一下"16 楼"的按钮,然后可以一直乘电梯到家。

7. 仍然是长江。

8. 因为乙的错误可能达到 80% 。如果按照乙的意见的相反方向去办,正确率比甲的要高。

9. 切去一个角后,除了剩 5 个角外,还可以剩 3 个角,也可以剩 4 个角。

10. W 小姐打开试演房间的门,对外面的其他应征者说:"这次的紧急试演会已经结束了,我们剧组已经确定了合适的人选,大家都回去吧。"结果外面的人听见后都离开了,这样只剩下 W 小姐一个人。剧组因为紧急用人,所以只能录用她了。

11. 凡向鳄鱼池内扔垃圾者,必须自己捡回。

12. 女人,因为地球上男人只留下一个,没有说女人全部灭亡。

13. 科学家挑选的是给对方理出最好发式的那位理发师。

14. 眼睛。因为遮住她的眼睛,怀特的女朋友就什么也看不见了。

15. 把水倒入坑洞中,因为洞壁是黏性土质,水不会渗入土中。等到水到了一定的程度,

网球就浮出来了。

16. 用打火机将这个纸袋点燃,使之最后烧成一撮灰,高尔夫球自然就露出来了。

17. 每一种天气都有人不喜欢出门,但是,可以在某一个人家里聚会,就可以避免有人在不喜欢的天气里出门。晴天在詹尼家聚会,雨天在杰克家里聚会,阴天在凡可家里聚会。

18. 因为这只狗受的是德语教育,它听不懂这位夫人所说的英文。

19. 戴最大号帽子的人是头最大的人,不论在任何地方,答案都是一样的。

20. 24(秒)+36(秒=1(分);11(小时)+13(小时)=1(天);158(天)+207(天)=1(年);46(年)+54(年)=1(世纪);3-2=1算式原本相等。

21. 这个人是一个盲人,他看报是用手来"看"的。

22. 小狗如果转过身来用后腿抓,就可以把骨头吃掉了。

23. 他们都交了白卷。

24. 把竹竿移到附近的井口,将它放下井去,这样便可以拿到竹竿上的酒了。

25. CD。

26. 眼镜框。因为露丝是高度近视,一拿掉眼镜几乎看不见东西,如果不戴隐形眼镜,就不能确定购买的镜框是否美观、合适。

27. 因为赛尔特在20年内都没有开过车。

28. 可以把帽子挂在枪口上,这样就能轻松做到了。

29. 蛋当然是朝下落了。

30. 他没有双眼,但是他有一只眼睛。他看到树上有两个苹果,摘下一个并留下一个,所以他摘了苹果又留下了苹果。

31. 每个人的名字都不相同,但很多人未经思考就会做出反应,回答说"月亮"。这就是思维惯性的影响。

32. 这个正方体形状的豆腐有3种不同的切法,切去一部分剩下的面可能有3个面、5个面、6个面、7个面甚至8个面。

33. 汽车司机没有开车,他是步行着撞进人群,全速向前跑的。

34. 在两只公鸡的中间画上一面镜子,就表示一只公鸡在照镜子。

35. 此题关键在"海拔"二字。飞机在海拔1000米高度,人从飞机上跳到海拔999米的山头上,实际上只跳了1米,当然不会受伤。

36. 这是国际象棋大战。

37. 这只狼钻到笼子里,把羊撕成一块块的,从笼子里扔出来,自己再钻出笼子,就可以吃到羊又不被笼子困住。

38. 哥哥朝上张开大嘴,把流下的番茄汁全部喝进去了。

39. 永远不能,因为圆是圆的,永远转不成三角形的角状。

40. 比尔回答记者说:"比赛中其他车手的赛车出现状况而退出比赛,因此我获得了冠军。"

41. 继续喂它1元钱。

42. 我在等秘书。

43. 杰克把篮球里的气放掉,把球压瘪,使球呈一个碗形,然后把鸡蛋放在里面拿回家。

44. 直接说出来要买剪刀。你是不是想说用手做剪子状比划呢？错了，因为盲人会说话，不需要用手比画。

45. 只要拿起鸡蛋往桌上一磕，把下面的蛋壳磕破了，鸡蛋就能稳稳地立在桌面上。但是，在做这个动作的时候，一定要轻点，以免把鸡蛋磕破了，让蛋清流出来。当然，除了这个方法，还有其他的方法能让鸡蛋立起来。

46. 将一个高的直边玻璃杯装满水，然后把这个玻璃杯放在纸板的前面，杯子里的水相当于一个透镜，透过透镜箭头的方向会发生改变。当你透过玻璃杯观看箭头时，你会发现它指向了左边。

47. 他的孙子就是那个播音员。

48. 下图中的阴影部分就是应漆成蓝色的地方。

49. 这个馅饼可以切成 11 个大小不同的碎块（如图所示）。

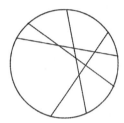

50. 因为小狗汤姆被拴在一棵树上，所以它可以到达以树为中心，半径 10 英尺之内的任何地方。它的饭碗在距离树 5 英尺的地方，在汤姆出发地的相反方向上。

51. 1600，她喜欢的数字都是某个数的平方。如 225 是 25 的平方，900 是 30 的平方，那么喜欢的当然的 1600，因为它是 40 的平方。

第二章 38道数字思维游戏

1 手中的豆子

难度：★★★★
时间：20mins

著名的艺术家和科学家列奥纳多·达·芬奇在他的一本笔记本中记述了一些小

窍门。为了了解这个小窍门，你需要一些简单的道具，比如豆子。

你在两只手上分别放上相同数量的豆子，从右手上移4粒豆子到左手。数一下右手上剩下的豆子数量，然后把它们扔掉。再扔掉左手中与刚才扔掉的相同数量的豆子，最后你再拿起5粒豆子，你现在一共拥有13粒豆子。

事实上，最后的豆子数量和你一开始所拿的豆子数量没有任何关系，你总是在最后一共拥有13粒豆子。这是为什么呢？

游戏提示

这是被称为"关于数字的思考"游戏中最早知道的例题之一，因为它开始包含了许多数字。解这道题时，让我们称那些数字为"B"，取"B"粒豆子在每只手上，然后再依次推理。

2 达到或超过100

难度：★★★
时间：15mins

查理斯与玛丽在玩一种游戏。他们轮流开始，轮流游戏，每一轮他们叫出一个1到10之间的整数，并将每一轮报的数都加起来，第一个使数的总和达到100或超过它的人就是失败者。

查理斯先开始游戏，并叫了"7"。如果玛丽要确定赢得比赛，她将叫什么数字？

游戏提示

要赢得比赛，就要使这一轮数的总和为11，下一轮的总和为22。

3 加法诡计

难度：★★★★
时间：20mins

科比与安娜在玩游戏，科比对安娜说："请任意写下一个七位数，然后在第一个数下面再写另外一个七位数。"

"现在我将再写个数字，然后你再写一个，我再写第二个。"科比继续说，以下是结果：

安娜的第一个数字:7258391

安娜的第二个数字:1866934

科比的第一个数字:2741608

安娜的第三个数字:5964372

科比的第二个数字:8133065

"好了,"科比说,"我打赌我能在 5 秒钟内将这些数字加起来。"

"胡说,即使用计算器你也不可能做得这么快。"安娜根本不相信。

但是在 3 秒钟内,查尔斯已经写下了这个加法算式的答案,是 25964370。他怎么做到的?

🖐 游戏提示

观察安娜说的一个数字与科比说的第一个数字,看从中能发现一个什么规律。

---

4 戒烟的妙方

难度:★★★★
时间:10mins

告诉你一个保证能戒掉烟的办法:一包烟有 20 根,请你点燃第一根香烟,抽完后,1 秒后点第二根香烟;抽完第二根后,过 2 秒再点燃第三根;抽完第三根后,等 4 秒后点第四根,之后等 8 秒。如此下去,每次等待的时间加倍就行。只要你遵守规则,我保证,抽不完两包烟,你就能戒掉烟,想知道为什么吗?

🖐 游戏提示

只需要算一算抽完第 39 根香烟后要等多久才能抽第 40 根香烟,即可知晓。

---

5 钻石的数量

难度:★★★
时间:10mins

一位在南美洲淘金的老财主不仅淘到了大量的金子,而且淘到了许多钻石。为了向别人炫耀自己的富有,他决定用自己淘到的钻石镶一个世界上绝无仅有的无价之宝。他决定,第一天从保险柜里取出一颗钻石;第二天,取出 6 颗钻石,镶在第一天那一颗钻石的周围;第三天,在其(如右图)外围再镶一圈钻石,变成了两圈。每过一天,就多了一圈。这样做 7 天以后,镶成了一个巨大的钻石群。请问,这块无价之宝一共有多少颗钻石?

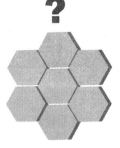

游戏提示

开始时只有1颗,第二天增加了6颗,第三天又增加了12颗,第四天又增加了18颗……找到每天增加的数,计算七天的总数。

6 巧取硬币

难度:★★★
时间:10mins

有10枚硬币,甲、乙两人轮流从中取走1枚、2枚或者4枚硬币,谁取到最后一枚硬币就算输。请问:该怎么做才能获得胜利?

游戏提示

你也可以从后面一步步推理,从而得出结论。

7 6个9表示100

难度:★★★
时间:8mins

你能否找到一种方法,用6个9来表示100?

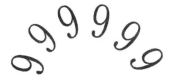

游戏提示

这个表示方法当然不是直接的,需要用到数学运算符号。

8 奇数和为100

难度:★★
时间:5mins

你能找出和为100的5个奇数吗? 和为100的6个奇数呢?

$$?+?+?+?+?=100$$

$$?+?+?+?+?+?=100$$

9 正确的作案时间

难度:★★★
时间:8mins

一天夜里,邻居听到一声惨烈的尖叫。早上醒来,发现昨晚的尖叫是受害者发出的最后声音。负责调查的警察向邻居们了解案件发生的确切时间。一位邻居说是12:08 分,另一位老太太说是 11:40 分,对面杂货店的老板说他清楚地记得是 12:15 分,还有一位绅士说是 11:53 分,但这 4 个人的表都不准确。在这些人的手表里,一个慢 25 分钟,一个快 10 分钟,还有一个快 3 分钟,最后一个慢 12 分钟。你能帮警察确定作案时间吗?

游戏提示

这是一个看起来复杂其实很简单的问题。从最快的手表中减去最快的时间就行了,或者将最慢的手表加上最慢的时间也可以得出相同的答案。

10 越狱

难度:★★★★
时间:15mins

有 A、B、C 三人被诬陷入狱,被囚禁在一座塔楼上。塔楼上除了有一个窗口可用于逃离外,再无其他出路。现在塔楼上有一个滑轮、一条绳索、两个筐子、一块重 30 公斤的石头。不过,在一个筐子比另一个筐子重 6 公斤的情况下,两个筐子才可以毫无危险地一上一下。已知 A 体重 78 公斤,B 体重 42 公斤,C 体重 36 公斤。

这 3 个人怎样借助塔楼上的工具逃离呢?

游戏提示

这是一道比较复杂的推理题,所以在做的过程中要保持清醒的思维。

11 君子的生财之道

难度:★★★
时间:10mins

相邻的两个国家交战,关系极为紧张。某日 A 国宣布:"今后,B 国的 1 元钱只折合我国的 9 角。"B 国听到这一宣布后,非常地气愤,于是采取对等措施,也宣布:"今后,A 国的 1 元钱只折合我国的 9 角。"有一个住在边境的人趁着这个机会发了大财,你知道他是怎么做的吗?

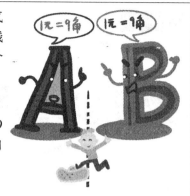

☞ 游戏提示

既然 A 国宣布,B 国的 1 元钱在 A 国用只折 9 角,那么,两国的货币还是流通的,那就可以在 A 国买东西时换 B 国的钱。

12 肇事司机的车牌号码

难度:★★★
时间:8mins

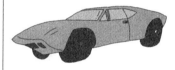

一天早晨,在美国某地区的快速车道上发生一起车祸。一名学生被一辆超速行驶的汽车撞得在空中翻了半圈,司机肇事后马上逃走了。

当交通警察赶来后,扶起那名小学生,却发现他没有受半点伤,而且他非常清楚地告诉警察肇事车辆的车号是:8619。

警方立即对这辆车开始调查,要逮捕肇事者,却发现这个号码的汽车确实有不在场的证明。你知道肇事后逃走的汽车车号究竟是多少吗?

☞ 游戏提示

要注意小学生是被车子撞得在空中翻了半圈。

13 谁是凶手

难度:★★★
时间:10mins

一天深夜,发生了一起谋杀案。

警长赶到现场,只见女侦探倒在窗下,胸部中了两枪,手里紧握着一支口红。警长撩起窗帘一看,在玻璃上留着一行用口红写下的数字:809。他又从女侦探的提包中找出一张卷得很紧的小纸条,纸条上写着:"已查到 3 名嫌疑犯,其中一人是凶手。这 3 人是代号 608 的光、代号 906 的岛、代号 806 的刚。"

警长沉思片刻,指着纸条上的一个人说:"凶手就是他!"根据警长的推断,警方很快将凶手缉拿归案。

请问,凶手是谁?为什么?

📖 游戏提示

女侦探应该是在仓促中留下的印记,写法可能跟常规不一样了。

14 丹妮装围棋

难度:★★★
时间:8mins

丹妮是个很骄傲的人,总以为自己很聪明。一天,她对伙伴大卫说:"我能将 100 枚围棋子装在 15 只塑料杯里,并能使每只杯子里的棋子数目都不相同。"请问,丹妮说的这句话对吗?为什么?

📖 游戏提示

每只杯子里的棋子数目不同,那么将 1—15 连续相加所得的结果就可以看出丹妮的话是否正确了。

15 商人过边境

难度:★★★★
时间:10mins

德国的一个商人要把自己养的马赶到另一个国家去卖,可是在途中每经过一个边境都要交过境的费用。每到一个边境的时候,商人对守卫说:"我身上没有钱,我把我一半的马匹给你,算作过境的费用。但是,你要把我给你的马匹中留出一匹马来还给我,行吗?"守卫见有便宜可占,就同意了。

就这样,商人用同样的方法过了 5 个关口,最后到达另一个国家时,他还有 2 匹马。请你算一算,商人带了多少匹马来国外卖?

📖 游戏提示

这道题需运用递向推理,可以从商人最后所剩的马数一步步地往前推算即可算到原有的马匹数量。

16 第二小的完全数

难度:★★★★
时间:15mins

完全数是指一个数的全部约数(包括 1 但不包括这个数本身)之和仍然等于该数。最小的完全数是 6,它的约数是 3、2、1,而它也是 1、2、3 的和。迄今为止,已经发现了 38 个完全数。你能给出第二小的完全数是几吗?第三小的呢?

☞ **游戏提示**

目前所知道的完全数还都是偶数,所以第二小的完全数要从偶数里去寻找。

17 留下的强盗

难度:★★★★
时间:15mins

一群强盗被困在沙漠中,为了大局着想, 必须扔下一个人。于是,狡猾的头目命令 19 名手下排成一行,说:"凡点到第 7 名的人可以留在车上,数到最后第 7 名的那个人就 必须留在沙漠中。"说完,头目自己站到第 6 名匪徒后面(图中倒置的火柴是头目)。 有个聪明的匪徒负责点数,他想让其他弟兄离开沙漠而让头目留在沙漠中。那么,他 该怎样点?

☞ **游戏提示**

要注意每数一次,人就会减少一个,那么位置也相应变化了。

18 失败的行动

难度:★★★★
时间:15mins

国家情报局接到通知:一辆时速为 60 千米的火车上装满了炸药,准备驶向首都。 为阻止这一恐怖活动,国家情报局决定派弗雷迪在火车必须通过的长为 500 米的隧 道出口处,装上黄色远程遥控炸弹。

由于火车头进入隧道到出隧道的时间仅 30 秒, 于是弗雷迪把遥控定时装置设置为"30 秒",只要火车 一进隧道,就会触发装置计数,30 秒后炸药自动爆炸。 但是,当火车呼啸而来进入隧道,高强度炸药在铁轨上 准时爆炸后,火车仍然在失去铁轨的路面上继续疯狂 前行,最后在树林里停了下来,随之引起了一场大火。

消息传到国家情报局后,上司以指挥失误为由处 分了弗雷迪。你知道弗雷迪错在哪个地方吗?

☞ **游戏提示**

考虑火车过隧道所需要的时间,就能明白弗雷迪的错误出在哪里了。

19 调动脑细胞的游戏

难度:★★
时间:8mins

布鲁斯乘车去上班,做了一个非常有意思的游戏。现在,他把游戏拿来跟大家分 享一下。

去上公交车的时候,车上包括布鲁斯在内有 16 名乘客。车驶进车站,这时 4 人下车,又上来 4 人;在下一站上来 10 人,下去 4 人;在下一站下去 11 人,上来 6 人;在下一站,下去 4 人,上来 4 人;在下一站又下去 8 人,上来 15 人。

还有,请你接着算,公共汽车继续往前开,到了下一站下去 6 人,上来 7 人;在下一站下去 5 人,没有人上来;在下一站只下去 1 人,又上来 8 人。

好了,请你记住,最后公交车上有多少人,这辆公共汽车停了多少站。(不要重新计算)

☞ 游戏提示

这道题最好是两个人合作,一个念出题目,另一个进行口算。另外,在进行口算的同时,要能记住公交车停靠的次数。

20 还剩下多少根蜡烛

难度:★★
时间:8mins

劳伦与佩斯是一对浪漫的夫妻。某一天,他们俩准备共进烛光晚餐。

劳伦拿了 8 根蜡烛,把这些蜡烛点燃放在了客厅里,浪漫的气氛一下子就被烘托出来了。可这氛围没有维持多久,一阵风从窗户吹来,就吹灭了 3 根蜡烛。过了一会儿,又有 2 根被风吹灭了。为了防止蜡烛再被吹灭,佩斯赶紧关上了窗户,之后,蜡烛就没再被吹灭过,并陪着他们度过了一个愉快的晚上。

你知道最后还能剩下几根蜡烛吗?

☞ 游戏提示

燃着的蜡烛是会被燃烧掉的。

21 有趣的电话号码

难度:★★★
时间:15mins

一大早,罗莉太太又在向她的邻居诉苦了。她说:"我真希望邮电局不要再更换我的电话号码了。这也许是为了提高效率的缘故,但这种做法实在叫人头痛。你不仅要记住新的电话号码,还要通知其他所有的人(除了你的债主以外)电话号码换了。不过,这个新的电话号码很不错。有三个特点使新的电话号码很好记:首先,原来的号码和新换的号码都是 4 个数字;其次,新号码正好是原来号码的 4 倍;再次,原来的

号码从后面倒着写正好是新的号码。所以,我不费劲儿就会记住新号码。"

那么,罗莉太太家电话的新号码究竟是什么?

👉 游戏提示

可以假设旧号码是 ABCD,那么新号码是 DCBA,然后根据题中所给出的条件得出正确答案。

22 谁先抢到30

难度:★★★★
时间:15mins

聪明的小孩弗雷德发明了一种叫"抢30"的游戏。游戏规则很简单:两个人轮流报数,第一个人从1开始,按顺序报数,他可以只报1,也可以报1、2,第二个人接着第一个人报的数再报下去。但一个人最多只能报两个数,而且不能一个数都不报。例如,第一个人报的是1,第二个人可报2,也可报2、3;若第一个人报了1、2,则第二个人可报3,也可报3、4。接下来仍由第一个人接着报,如此轮流下去,谁先报到30谁胜。

弗雷德很大度,每次都让伙伴先报,但每次都是他胜。伙伴们觉得其中肯定有猫腻,于是坚持要弗雷德先报,结果每次还是弗雷德胜。

其实,弗雷德每次都胜利是因为他发现了其中的规律,你知道其中的规律是什么吗?

👉 游戏提示

30 这个数与3的倍数有关,因此要自己取胜,就必须报一个与3的倍数有关的数。

23 数字城堡

难度:★★★
时间:10mins

下图是由数字组成的城堡,要如何走,才能从进口处安全走到出口处?

👉 游戏提示

不一定每一个数字都要走到。

24 牛吃草的问题

难度：★★
时间：5mins

一头牛一年能吃 4 亩地的草，如果把它关在 16 亩的牧场里，请问：几年后牛能把草吃光？

游戏提示

请注意，草是不断地生长的。

25 猜数字

难度：★★
时间：8mins

有个叫霍华德·迪斯丁的乐器制作商总是喜欢做一些有趣的思维游戏。在某一年的乐器集会上，为了培养大家的兴趣，他把题印在了鼓膜上。那么，你知道数字串里的下一个数字是什么吗？

77,49,36,18,?

游戏提示

后面一个数是前面一个两位数得来的。

26 不能睡好的觉

难度：★★★
时间：8mins

劳斯最近的工作非常忙，总是加班。这天，老板终于发了慈悲，让他早点回家休息。为了睡个好觉，劳斯晚上 8：30 就睡了，并把他那个年代很久的闹钟拨到早上 9 点整闹铃。那么，劳斯一共能睡几个小时呢？

游戏提示

钟表不是 24 小时制，所以早上的 9 点也就意味着晚上的 9 点。

27 万圣节的恐怖之夜

难度：★★★
时间：15mins

南瓜先生给你 13 个 3，让你把这些数排列成一个等式并使结果等于 100。如果你回答不出来，在万圣漆黑的晚上，就会有数百只蝙蝠来袭击你。为了度过一个愉快的万圣节，现在就开始准备，写出等式。

> **游戏提示**
>
> 这道题要充分运用加减乘除的方法,也没有唯一的答案。

28 错误的碑铭

难度:★★★
时间:5mins

斯皮尔牧师在去做晚祷的路上看见一个的墓碑,可墓碑中有个错误。你能否找出牧师发现的那个错误? 墓碑上的铭文是这样写的:

悼念该教区的爱德毕·方丹先生,他于1823年10月28日逝世,享年66岁;同时,也悼念莎拉·方丹太太,方丹先生的寡妇,她于1812年9月23日逝世,享年82岁。

> **游戏提示**
>
> 这道题要仔细观察一下碑铭中的年份,就可以得出结论。

29 难逃法网的歹徒

难度:★★★
时间:10mins

在一次抓捕行动中,刑警们制服了众多的歹徒,只有一人仓皇逃命。其中的一名刑警不甘心就这样让歹徒逃脱,于是紧追不舍。就在刑警将要把罪犯抓捕归案的时候,歹徒跑到了一个圆形的大湖旁边,跳上岸边唯一的一只小船拼命地向对岸划过去。

刑警见歹徒快要逃脱,便骑上一辆自行车沿着湖边向对岸追去。现在知道刑警骑车的速度是歹徒划船速度的2.5倍。那么,在湖里面的歹徒还有逃脱的可能性吗?

> **游戏提示**
>
> 刑警骑自行车朝湖的对岸追,歹徒不一定要朝湖的对岸划船。

30 有意思的年份

难度:★★
时间:5mins

20世纪有一个年份特别有意思,把它写在纸上,再把纸倒过来看仍然是这一年的年份数。这到底是哪一年呢?

游戏提示

6 和 9 到过来会变成 9 和 6。

31 贪吃的兔子

难度:★★
时间:8mins

在美国西部的一个农场里面,农场主种了很多蔬菜。某天,一群兔子偷偷地跑到了这个农场里偷吃蔬菜。粗略估算一下,这些兔子有 120 只。农场主看见后非常生气,拿起猎枪"砰"地一枪打死了一只兔子。请问:农场里还剩多少只兔子?

游戏提示

兔子听见枪声后,第一反应是什么?

32 读书计划

难度:★★
时间:5mins

一个学生刚得到一本好看的传记,共 98 页。他制订了一个读书计划:一天读 20 页书。读到第 3 天的时候,他生病了,因此没有完成读书的任务,其他日子都按计划完成了,问第 6 天他读了多少页?

游戏提示

虽然因病休息了一天,但其他时候的读书计划都已经完成了。

33 捷克公主的难题

难度：★★
时间：105mins

传说捷克的公主柳布莎出过这样一道有趣的题："一只篮子中有若干李子，取它的一半又一个给第1个人，再取其余一半又一个给第2人，又取最后所余的一半又3个给第3个人，那么篮内的李子就没有剩余，篮中原有李子多少个？"

☞ 游戏提示

从题中的最后条件开始推理，就能得出结果。

34 丝线和毛线的价格

难度：★★★
时间：31mins

小苏西把31分钱放在柜台上，说："给我3把丝线和4把毛线。"她对售货员所说的话是妈妈教的。但是，小苏西想像妈妈一样自己做主买一点东西。于是，苏西说："我现在改了主意，我要4把丝线和3把毛线。"

售货员说："那么，你还差1分钱。"

"哦，那就算了，还是照旧吧。"小苏西说完，拿着买来的东西跑出了门。

请问，丝线和毛线的价格分别是多少呢？

☞ 游戏提示

将丝线和毛线的价格分别设为未知数，根据题设条件列方程式即可求得其解。

35 帕斯卡三角形

难度：★★★★
时间：12mins

观察下面的三角形，你能否发现这里给出的数字三角形中的逻辑规律？发现规律后，就填完最后两行。

这个三角形最明显的规律是两个数相加。

36 数字换位

难度：★★
时间：6mins

下面是八张数字牌，你能否仅交换两张牌，就使得这两列数字之和相等？

仅交换两张牌要使两列数字之和相等，那么就要考虑将其中某张牌换到另一列后变成另一个数。

37 填数字

难度：★★★
时间：8mins

请按照顺序，填出图中最下面的数字。

从上往下看，看每两个数字之间变大的规律。找到了规律，就能找到这个游戏的答案。

11
36
71
116
171

38 空格处所需的数字

难度：★★★
时间：5mins

图中空格处所需的是什么数字？

9	4	6
0	4	3

7	1	3
0	3	1

5	0	4
0	2	

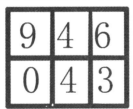

在每个方框中，上方的三位数除以下方的两位数，有一定的规律。

答　案

第2章　38道数字思维游戏

1. 取"B"粒豆子在每只手上. 现在请看下面的说明:

	左手	右手	合计
开始	B	B	2B
移动4粒	B+4	B−4	2B
右手扔掉豆子	B+4	0	B+4
左手扔掉相同量的豆子	8[1]	0	8
拿起5粒	8	5	13

所以 B+4 减去 B−4 等于 8,无论 B 是何数。

事实上,这里用符号"B"代表数是代数中的一个范例。数学家们经常用"x"来代替以上称为"B"的符号。

2. 玛丽应该叫"4",这样这一轮数的总和就是11,无论查理斯在他的那轮叫什么数字,玛丽总是能将那一轮两数的总和变成11。这样,在玛丽的一轮以后,所有数的总和必然为 11 的倍数。在他们已经各自叫了9个数字后,数的总和将变为99,彼得随便叫一个数字,即使是"1",总数都将变为100 或以上。

3. 科比写的数不是任意的,当他写下数时,他确保自己写的第一个数的每个数字加上安娜写的第一个数的每个数字,总数等于9,第二个数也一样。

　　　　安娜的第一个数 7 2 5 8 3 9 1

　　　　　　　　　　　　+

　　　　科比的第一个数 2 7 4 1 6 0 8

　　　　　　　　　=9 9 9 9 9 9 9

那就意味着前四个数加起来总是等于 9999999 + 9999999 = 19999998。那么将这五个数加起来所要做的就是将安娜写的第三个数加上 20000000,然后再减去2,结果就成为25964370。

4. 从前面的数 1、2、4、8 可以发现这样一个规律,就是抽完第一支烟后等待的时间为20,抽完第二支烟后等待的时间为21,抽完第三支烟后等待的时间为21,所以,抽完两包烟要等的时间为239 = 536870912 秒 = 149130.8 小时 = 6213.8 天,快 10 年了。能在这么长的时间不抽烟,哪能戒不掉呢!

5. 公式为 1 + 6 × 1 + 6 × 2 + 6 × 3 + 6 × 4 + 6 × 5 + 6 × 6 = 127 颗。

6. 谁先开局谁必输。如果你的对手稍微聪明一点,就不会在你先取 1 枚后,他取 4 枚,最后出现他输的局面。

7. 99 + 99/99 = 100

8. 两个奇数加在一起,结果是一个偶数。但那也意味着奇数个奇数之和总是奇数。因此,5 个奇数之和不可能是100。但 6 个奇数可以。1、3、45、27、13 和 11 便是和为 100 的六个奇数。

9. 作案时间是 12:05 分。

10. 逃离步骤如下：

	塔楼上	塔楼下
(1)先用人力将石头慢慢放下。	A、B、C	石头
(2)C下,石头上。	A、B、石头	C
(3)B下,C上。	A、C、石头	B
(4)石头下。	A、C	B、石头
(5)A下,B和石头上。	B、C 石头	A
(6)石头下。	B、C	A、石头
(7)C下,石头上。	B、石头	A、C
(8)B下,C上。	C、石头	A、B
(9)石头下。	C	A、B、石头
(10)C下,石头上。	石头	A、B、C(逃离)
(11)石头自然坠下。		石头

11. 首先,在 A 国购买 10 元钱的东西,付一张 A 国的百元纸币,然后要求,找 B 国的纸币,所以,他就赚了 10 元钱;然后他拿着这张钱,用同样的方法到 B 国买东西,如此循环,就在不知不觉中赚了一大笔钱。

12. 肇事车号是 6198,因为被撞的学生在飞起来翻个半圈时看到的车号是倒着的。

13. 凶手是代号 608 的光,因为女侦探背着手写下 608,数字排列发生变化,正反顺序也颠倒过来,608 成了 809。

14. 肯定不对。因为从第一只杯子里放 1 枚棋子算起,要想数目不同只能是把 2、3、4……去放入相应的杯子里,这样得出 15 只杯子全不相同,最少所需的棋子数是 1 + 2 + 3 + 4…… + 15 = 120。现在只有 100 个棋子,当然是不够装的。

15. 2 匹马。

16. 第二小的完全数是 28,即 1、2、4、7、14 之和。学习《圣经》的学生已经注意到,最小的两个完全数嵌在宇宙的结构中。毕竟,上帝在 6 天内创造了天地,而月球每 28 天绕地球转一圈。第三小的完全数是 496。没有人知道,完全数是否无穷无尽;也没有人知道,奇数完全数是否存在。从毕达哥拉斯时代起,这个问题就一直困扰着数学家们。

17. 这位聪明的匪徒是从头目前两名开始数起的。当他数到第一个第 7 名时,一名弟兄就得救。再往下数,数到第二个第 7 名,又一名弟兄得救。依次数下去,弟兄们全部得救留在车上,最后一个第 7 名正好轮到狡猾的头目。

18. 30 秒是火车头进入隧道并驶出隧道的时间,但是车身还在隧道中,所以,炸药爆炸的时候只炸断了铁轨,也炸烂了火车头,对火车本身并没有造成太大的影响。

19. 最后公交车上有 27 人,公交车一共停了 8 站。

20. 燃着的蜡烛最终将燃尽。所以,最后只能剩下 5 根被风吹灭的蜡烛。

21. 设旧号码是 ABCD,那么新号码是 DCBA,已知新号码是旧号码的 4 倍,所以 A 必须是个不大于 2 的偶数,即 A 等于 2;4 × D 的个位数若要为 2,D 只能是 3 或 8;只要满足:

4 × (1000 × A + 100 × B + 10 × C + D) = 1000 × D + 100 × C + 10 × B + A

经计算可得 D:8,C:7,B:1,所以新号码是 8712,正好是旧号码 2178 的 4 倍。这个题只能有这一种答案。

22. 弗雷德的策略其实很简单:他总是报到 3 的倍数为止。如果伙伴先报,根据游戏规定,他或报 1,或报 1、2。若伙伴们报 1,则弗雷德就报 2、3。若伙伴们报 1、2,弗雷德就报 3。接下来,伙伴们从 4 开始报,而弗雷德视伙伴们的情况,总是报到 6 为止。依止类推,弗雷德总能使自己报到 3 的倍数为止。由于 30 是 3 的倍数,所以弗雷德总能报到 30。

23.

24. 永远也吃不完,因为草是不停地生长的。

25. 每一个数都是前一个数的数位上的数字之积,即 49 等于 7 乘以 7,36 等于 4 乘以 9,18 等于 3 乘以 6。所以,答案是 8,即 1 乘以 8。

26. 只有半小时。因为闹钟早 9:00 和晚 9:00 是一样的,闹钟到晚上 9:00 就要闹了。

27. 这是个难题,但是它却有不止一个答案,这只是其中的一个答案:33 + 33 + 33 + (3/3)3 + 3 × 3 + 3 × 3 = 27 + 27 + 27 + 1 + 9 + 9 = 100。如果有兴趣,你可以写出更多的答案。

28. 根据碑铭上所说的,莎拉·方丹太太比她的丈夫先去世。如果是那样的话,她怎么会是寡妇呢?

29. 歹徒如果聪明的话,可以先把船划到湖心,看准刑警的位置,再立刻从湖心向刑警正对的对岸划。这样他只划了一个半径长,刑警要跑半个圆周长,即半径的 3.14 倍,而刑警的速度是歹徒的 2.5 倍,歹徒能在刑警到达之前先上岸跑掉。

30. 1961 年。

31. 只剩下一只死兔子了,因为其他的兔子都跑光了。

32. 按照计划,第六天读了 18 页。

33. 3 ÷ 1/2 = 6(个)(6 + 1)÷ 1/2 = 14(个)(14 + 1)÷ 1/2 = 30(个)
所以篮子中原有李子 30 个。

34. 设丝线的价格为 X,毛线的价格为 Y,根据题意则有:3X + 4Y = 31,4X + 3Y = 32,解得 X = 5,Y = 4。所以,丝线的价格为 5 分钱,毛线的价格为 4 分钱。

35. 每个数字是它正上方两个数字之和。这样的数学树称为帕斯卡(Pascal)三角形。

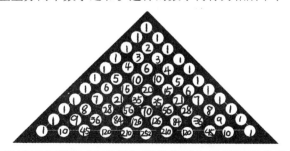

36. 将 8 和 9 交换,然后将 9 倒过来,这样 9 就变成了 6,然后两列的和都是 18。

37. 从上方开始,数字的间隔分别为 25、35、45 等,所以答案为 226。

38. 1。在每个方框中,上方的三位数除以下方的两位数,结果分别为 22、23 和 24。

3

第三章

49道创意思维游戏

1 拉断绳子的诀窍

难度：★★★★
时间：12mins

　　雷姆与欧文两个人在玩游戏。如图，欧文把一根细绳子扎在一本很重的书上，然后再拉住绳子的两端，问雷姆哪端的绳子会先断。

　　雷姆回答上面的绳子会断，于是欧文开始拉它们，结果下面的绳子先断了。反过来，雷姆回答下面的绳子先断，欧文开始拉它们，结果上面的绳子先断了。你知道欧文是怎么控制绳子让两端的绳子任意端先断吗？

游戏提示

　　这个游戏要运用到惯性的原理。

2 弹珠离开桌面的秘方

难度：★★★★
时间：12mins

　　只用一个玻璃杯，你能使弹珠离开桌子吗？

游戏提示

　　这个游戏要运用到惯性的原理。

3 玻璃杯中的软木塞

难度：★★★
时间：8mins

　　半杯水的杯子中，软木塞会浮在贴着杯壁的地方。请你想一个办法使之浮在杯子中央，但不能碰杯子或软木塞。

游戏提示

　　可以利用水来使软木塞浮在杯子中央。

4 棋盘上的星星

难度：★★★
时间：8mins

白色星星从中间开始移动，经过棋盘上每一个62颗黑色星星，最后到达白色大星星所在的位置。如果它所经过的路线必须是直线，请问白色小星星至少需要直线移动多少次？

游戏提示

在画的过程中，要尽量减少需要画的直线。

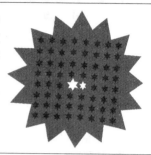

5 手表指北针

难度：★★
时间：10mins

亨利在旅游的时候，遇到了一位美国朋友。亨利问他北方是哪边，他立刻拿出他的表。亨利非常好奇，便问："你在你的手表上装了指北针吗？"他回答说："所有表都可以用作指北针。"

亨利为了学到此绝招，便请教他怎么把手表当指北针用。当美国朋友得知他不知道这个方法时非常吃惊，他觉得亨利忽视了一个尽人皆知的生活常识。那么，你知道这个生活常识的原理是什么吗？

游戏提示

把手表平放在手掌上，让时针对准太阳的方向，时针和12点方向构成一个夹角，然后就可以理清其中的原理了。

6 硬币游戏

难度：★★
时间：8mins

现在，很流行一种硬币的游戏。如图所示，桌子上放着10枚硬币，你可以从中数出三行是由排列4枚硬币的排成的。请改变其中2枚硬币的位置，使桌子上排列了4枚硬币的行数达到五。

游戏提示

硬币最后组成的行数不一定是横着数或者竖着数，还可以是斜着数。

7　吝啬的烟鬼

难度：★★
时间：8mins

有一个非常吝啬的烟鬼，他每抽一根好烟的时候，总要剩下这支烟的 1/3。因为有了 3 个 1/3 的烟头时，他又可以把它们组合成一根好烟。现在，这个烟鬼有 9 根烟，假如他一天抽一根这样的烟，这些烟够他抽多少天？

📖 **游戏提示**

不要忽略了一支接起来的烟用后所余的 1/3 还可以再接成新的烟。

8　出乎意料的答案

难度：★★
时间：5mins

布鲁斯和小伙伴们在一起玩耍的时候，出了这样的一道算式题：1 = 5　2 = 65　3 = 125　4 = 165 请问 5 = ？

可是，这些题目让他的小伙伴们考虑得太久。因为他们一直在想这些数有什么规律，而忽略了其中最简单的东西。你知道正确的答案是什么吗？

📖 **游戏提示**

不要被题中复杂的数字所迷惑，认真地观察，就会发现其中的奥妙。

9　谁在撒谎

难度：★★
时间：6mins

粗心的汤姆先生把 5000 美元丢在了客厅的桌上。等他想起来时，钱已经不见了。家里只有他的两个孩子杰米和雷米。于是，他把两个孩子叫过来问话。

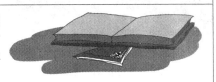

杰米说："是的，我看见了。我把它放在了你房间书桌上，用一本黄皮书压着了。"
雷米说："是的，我也看见了。我把它夹在了黄皮书的第 113 页和 114 页之间。"
汤姆听完他们两个人的说辞，立刻就明白谁撒了谎。你知道吗？

📖 **游戏提示**

打开一本书，观察一下书本 113 页和 114 页的关系。

10 难以实现的愿望

难度：★★
时间：6mins

现在住在美国的一位日本移民，尽管家族有那样的愿望，但是也不能埋葬在美国的土地上。为什么？

游戏提示

有些愿望是要在一定的条件下才可能实现的，要仔细阅读题中给出的条件。

11 华盛顿智捉盗马贼

难度：★★★★
时间：10mins

华盛顿小时候就聪明过人，在他的家乡威斯特摩兰至今还流传着他智捉盗马贼的故事。

有一天，村里的一个老爷爷的马被人偷走了。村民们帮忙四处寻找，终于在牲口市场上找到了那匹马。可是，盗马贼死活不承认这是偷来的马。由于马的主人这时又拿不出有力的证据来，盗马贼反咬一口，说村民们诬陷他，说着骑上马就想溜。这时，华盛顿赶来了。他用双手分别蒙住马的眼睛，紧接着问了盗马贼几个问题，很快就诱使盗马贼在众人面前原形毕露，只好承认自己的丑行。那么，你知道他问了什么问题吗？

游戏提示

华盛顿蒙住马的眼睛，就可以从眼睛上去想了。

12 魔术师说生日

难度：★★★★
时间：8mins

哈尼经常跟小伙伴们玩变魔术的游戏。今天她又拿来一个式子，告诉小伙伴们，说他们只要把自己的出生月日乘以100，加上 $20 \times 10 + 165$，然后再加上自己的年龄，并把最后的计算结果告诉她，她就可以知道他们的出生月日和年龄了。

你知道秘诀在哪里吗？

游戏提示

仔细观察 $20 \times 10 + 165$ 与式子有什么关系，再把自己的生日写上试验一遍，就能找出其中的奥秘。

13 喜鹊能自救吗

难度:★★
时间:5mins

一只喜鹊掉进一个枯井里,如果不能逃出来,它就会饿死。那么,你看看这只喜鹊能自己飞出来吗?

📖 游戏提示

要从鸟的飞行原理去考虑。

14 绳子上的苹果

难度:★★★
时间:4mins

有一根绳子,一端系上了一个苹果,另一端则悬挂在天花板上,把苹果悬挂起来。你能够在这根线的中央剪上一刀并保证苹果不会落地吗?

📖 游戏提示

如果一根线中间有阻挡的东西,苹果就不会掉下来。

15 偷盗防止事件

难度:★★
时间:6mins

在英国一个主要城市的地铁里,灯泡被偷是时常发生的事。灯座设在伸手可及的地方,而且无法移动。如果你是政府当局,该如何解决这个问题,防止灯泡被偷事件的再次发生呢?

📖 游戏提示

偷盗时都需在短时间内完成,如果盗贼按照常规的方法无法将灯泡拧下来,那么就无法偷走灯泡,因此在灯座的构造方式上要突破常规思维模式。

16 红豆和绿豆

难度:★★
时间:5mins

用一个锅同时炒红豆和绿豆,炒熟后往外一倒,红豆与绿豆便自然分开,请问该怎么炒?

17 国外的来信

难度：★★★
时间：10mins

约翰收到一封来自国外的信，信的内容是这样的："今天是我来到以色列的第 5 天，我去了它和约旦接壤的国界附近，在那里的湖中痛快地游了一次泳。以前，你们一直嘲笑我是一个旱鸭子，可这一次我的表现实在是太棒了！我发现游泳真的是一种享受。我既能够游自由泳，也能够游仰泳。当我伸展四肢浮在水面上仰望蓝天、白云时，我简直像进了天堂。我甚至还吸了一口气潜入水下，事后我才知道，我的下潜深度已经达到海平面下 390 米，而我竟然没有使用任何潜水工具。说了这么多，你一定认为我是在撒谎，但我说的是千真万确的，只不过游泳之后皮肤感到很粗糙……"

看了上面这封信，约翰一直觉得他的朋友是在吹牛。那么他是在吹牛吗？可信度到底有多少？

📖 游戏提示

既然约翰的朋友说他说的是千真万确的事，那就想想地球上在哪里有这么一个特殊的地方。

18 士兵的妙计

难度：★★★★
时间：10mins

一个寒冷的冬天，一支部队来到了一条河边上想过河。可即使是冬天，河面还只是结了一层只有五六厘米厚的冰，冰上面覆盖着一层雪。很明显，这样踩在冰面上是很危险的，只有等到冰层达到七八厘米才会安全。大家正着急的时候，一位新来的士兵想出一条妙计。部队只等了一会儿，冰层的厚度就达到了 8 厘米以上，并让部队安全过河了。你知道他想出了一条什么妙计吗？

📖 游戏提示

冰面上的积雪是阻碍河水快速结冰的关键所在。

19 牛皮圈出的王国

难度：★★★
时间：8mins

在很久以前，欧洲某个王国被另一个国家灭亡了。国王和王后、王子都被侵略者杀死了，只有小公主蒂多带领一些武士冲出包围，逃到了非洲的海岸。

蒂多公主带了一些金币登上海岸，拜访了酋长："我们都是失去祖国的逃难人，请允许我们在您神圣的领土上买一块土地生活吧。"

酋长见蒂多公主只有几枚金币，便轻蔑地说："才这么一点金币就想买我们的土地？那你只能买下用一张牛皮所圈出的土地。"

大家听了都很沮丧，可是蒂多公主却说："大家不必丧气，我有办法用牛皮圈出一块面积很大的土地。"

蒂多公主真的做到了。你知道她是怎么办到的吗？

 游戏提示

是用牛皮圈地而不是铺地，那么就可以在牛皮上动脑筋了。

20 鸭子淹死了

难度：★★★
时间：5mins

露西养的鸭子真脏，它们身上的羽毛都被沥青粘在了一起，黑糊糊的，又脏又臭。看着鸭子这么脏，露西让它们在水很满的浴缸洗澡，自己就玩去了。等它一回来，鸭子却全部淹死了，你知道这到底是为什么吗？

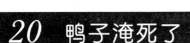 游戏提示

鸭子能在水中游泳，是因为它的羽毛不怕水。但羽毛粘在了一起，就不能发挥其作用了。

21 先喝瓶底的果粒

难度：★★
时间：5mins

如何从满满的一瓶橙汁中先喝到瓶底的果粒呢？

游戏提示

要喝到瓶底的橙粒，必须借助我们平时喝饮料时常用的一种工具。

22 让马跑得慢的办法

难度：★★★
时间：8mins

城市里正在举行一场特殊的骑马比赛，哪匹马走得最慢就是胜利者。于是，两匹马慢得几乎停止不前。裁判一看，这样进行下去，比赛不知道要到什么时候才能结束，觉得十分头疼。

过了一会儿，裁判想出了一个好办法，结果在保证能选出最慢者（优胜者）的前提下，让比赛很快便分出了胜负。你知道他是怎么做的吗？

☞ 游戏提示

既然从"最慢"比不出结果，那从另一方面着手就肯定能比出结果了。

23 简单又复杂的倒水

难度：★★
时间：8mins

今天是查理斯妈妈的生日。中午，家里来了 5 位客人，妈妈要查理斯给客人们倒水。一位客人看着桌子上的 10 个水杯，其中左面的 5 个盛满了水，右面的 5 个是空杯子，就问查理斯："你能在只移动两个杯子的情况下，使盛水的杯子和空杯子间隔着排起来吗？"可是查理斯移了很久也没有做到，他觉得这个客人故意刁难他。

你知道该怎么移吗？

☞ 游戏提示

可以把盛满水的杯子拿起，再倒在空的水杯里。

24 汽车过桥洞

难度：★★★
时间：8mins

一辆载满货物的汽车要经过一个立交桥的桥洞，但是汽车顶部比桥洞要高 1 厘米，怎么也过不去。如果把货物拿下一点，这既耽误时间又影响交通。如果硬闯过去，货物肯定会受损失。你说该怎么办？

☞ 游戏提示

可以从汽车的轮胎去想办法。

25 爱漂亮的艾利斯

难度：★★★★
时间：10mins

艾利斯是一个非常聪明的人，某一天，她和朋友玩游戏。朋友让她把毛衣穿反，即印有刺绣的那一面被穿在了后背，并把艾利斯小姐手被绑住了。她怎样在不剪断绳子的情况下把套头式毛衣的正面穿在前面呢？

游戏提示

毛衣是套头衫，脑袋也可以活动。因此，艾利斯完全可以把毛衣从头上脱出来后再想办法把毛衣穿正。

26 孩子的回答

难度：★★
时间：6mins

古代的一个国王非常有智慧。有一天，国王问他身边的大臣："王宫前面的水池里共有几桶水？"大臣们个个面面相觑，都答不上来。

后来，有一个大臣说："在城里有个孩子很聪明，是不是让他来回答？"

于是，国王就派人把那个孩子找来了。那个孩子听了国王提出的问题，大眼睛眨了几眨，就立即回答了这个问题，并让国王十分满意。

你能说一说，这个孩子是怎样回答的吗？

游戏提示

要问池中有多少桶水就取决于桶的大小。

27 画圆

难度：★★
时间：8mins

上几何课的时候要画圆，可博士忘了带圆规。孩子们都在欢呼，因为又有玩的时间了。可博士在画出一个圆后，不慌不忙地用白纸裁了一个长方形，利用长方形边长大于直径的特点，很快找到了圆心。博士到底是怎样做的呢？

游戏提示

可以先把长方形的两个顶点放在圆上，即可标出两条直径。两条直径相交的点就是圆心。

28 摔不碎的鸡蛋

难度：★★
时间：6mins

　　拿一个生鸡蛋，让它自由下落。在地上没有任何铺垫物的情况下，你能使鸡蛋落1米而不破吗？

📖 游戏提示

　　鸡蛋下落1米后，不一定会落在地上。

29 三个人的游戏

难度：★★★
时间：5mins

　　把三个人集合成一组，一个人蒙住眼睛，一个人将嘴巴贴住，第三个则塞住耳朵，然后开始玩游戏。但是，现在有一个问题，就是不知如何叫这三个人开始行动。如果用喊的方式，塞住耳朵的人听不见；如果摇旗子的话，眼睛蒙住的人又没办法看见。请问，用什么方法才能让三个人都知道游戏开始了？

📖 游戏提示

　　人类的五官当中，如果丧失了视觉和听觉，最好的代替方法就是利用触觉。所以，利用触觉是本题的解题之源。

30 能不能抓住钞票

难度：★★★
时间：8mins

　　查理右手拿着1元的钞票，并与胸口平行。弗雷德用拇指和食指夹在钞票的中间部位，并与钞票的距离保持在2厘米左右，但他的手不能接触钱币。做好准备后，查理告诉弗雷德，他要放开拿着钞票的手。放手后，钞票从弗雷德德的两个手指之间掉下去，他能抓住钞票吗？

📖 游戏提示

　　只有实践后才能得出答案，并明白其中的道理。

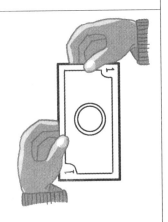

31　让硬币跳舞的方法

难度：★★★
时间：10mins

杰克做了一个非常有意思的游戏。他拿出一只玻璃空瓶,在瓶口边缘上滴几滴水,小心地把一枚硬币盖在瓶口上,并刚好封住瓶口。做完这些工作后,他用双手捂住这只空瓶。不一会儿,瓶口的硬币一跳一跳,好像在跳舞一样。你知道这是为什么吗?

☞ 游戏提示

这个游戏与空气的热胀冷缩有关系。

32　有趣的游戏

难度：★★★
时间：10mins

中午休息的时候,杰克和同事玩了这样一个游戏。一个同事端坐在椅子上,双脚前放,另一个人用食指抵在他的额头前,在不让他的身子向前倾的情况下,让这位同事试图站起来。你说这位同事能站起来吗? 为什么?

☞ 游戏提示

应从人体重心与身体的构造去考虑这个问题。

33　劳拉的透视眼

难度：★★★
时间：10mins

劳拉和伙伴们玩了一个让人匪夷所思的游戏。首先,劳拉转过身,然后任意请1个人把1枚硬币正面朝上放在桌子上。接着,让他将一张空白的纸放在硬币上。现

在,劳拉转回身,并宣称要运用她的超能力看穿这张不透明的纸,然后读出这枚硬币上面的日期。如果她读出了这枚硬币的日期,就能得到这枚硬币。

这枚硬币自始至终都是完全被遮盖的,可是劳拉却利用一种工具轻而易举地读出了这枚硬币的日期。你知道她是怎么做到的吗?

☞ 游戏提示

要读出硬币上的日期,必须借助铅笔。

34 巧分盐和胡椒粉

难度：★★★
时间：10mins

有一个特别有意思的餐厅；这里的老板总是会出些稀奇古怪的游戏给客人玩。这天，餐厅的老板先在桌子上放一些盐，然后在盐上撒一些胡椒粉。接着，他让客人把胡椒粉从盐里分离出去，但是不能接触盐或胡椒粉。

尽管这个听起来好像是不可能的，但是有个聪明的顾客很快就把胡椒粉分离出来。那么，你能发现其中的奥妙吗？

游戏提示

可以利用梳子来解决这个问题，并充分运用静电的原理。

35 杯子里的水

难度：★★★★
时间：8mins

把一杯装满水的杯子倒转过来，用手一直拿着，要使杯子里的水一滴也不少。当然，杯子上也没有盖上盖子，而且杯子中的水是液态的水，不是冰，也不是水蒸气。你知道应该怎样做吗？

游戏提示

如果不利用任何东西，就把水倒过来拿着，肯定是行不通的。所以，要准备一个既不让杯子漏水，又不是盖子的东西。

36 谁是神枪手

难度：★★★
时间：10mins

3个神枪手聚集到一起比枪法，在用餐的时候他们也不放过比赛的机会。

一张只有3条腿的桌子上有了4个酒瓶（如图），3位神枪手打算用最少的子弹射倒4个瓶子。A用了3枪就射倒4个瓶子；B用了2枪射倒了4个瓶子，最神奇的是C，他只用了一枪就将4个瓶子射倒了。当然，这3位神枪手中，只有C的本事最高，你知道他是怎么射的吗？

游戏提示

不管是什么神枪手，只用一枪就射倒这成矩形排列的瓶子是不可能的，那么只有在其他的地方想办法。

37 鸡在先还是蛋在先

难度:★★★
时间:10mins

这是一个讨论已久的问题:世界上到底是先有鸡还是先有蛋?午后,两个孩子又开始在进行这个问题的辩论了。作为公证人的你,该如何为他们解答这一难题?

☞ 游戏提示

这道题目并没有指明这个蛋一定就是鸡蛋不可。

38 金字塔思维游戏

难度:★★★
时间:18mins

A

R R R

A A A A

C C C C C

A A A A A A

D D D D D D D

A A A A A A A A

B B B B B B B B B

R R R R R R R R R R

A A A A A A A A A A A

来自神秘的东方,我们的巫师朋友,为我们带来了著名的咒语金字塔思维游戏题。如果从金字塔的顶部开始,即从顶部的"A"到底部的那行字母,你能否算出拼写 ABRACADABRA 的可能途径数呢?

☞ 游戏提示

在你走下金字塔这11层的过程中,你可以向左或者向右分叉,并从分叉点的字母下面的两个字母中,再任选一个然后继续。

39 取樱桃

难度:★★★
时间:10mins

在赫比的聚会上,大家玩了一个很有趣的游戏。用 4 根火柴棒做了一个带柄的高玻璃杯(如图),在杯中放了一个多汁的樱桃。要把樱桃从杯子里拿出来,但是只能移动其中的 2 根木棒的位置,怎样才能把樱桃从杯中取出来? 在取的过程中,你不能把樱桃拿走,而且必须保证杯子的形状不变。

☞ 游戏提示

你可以把这个杯子倒过来,再看看其中的奥妙。

40 两个玻璃杯的关系

难度:★★
时间:10mins

有两个细长玻璃杯,大玻璃杯的杯口直径和杯身高度正好是小玻璃杯的2倍。

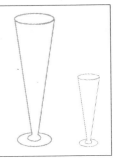

现在先把小玻璃杯装满水,然后把水倒进大玻璃杯。那么,需要多少次才让大玻璃杯装满水?

📖 **游戏提示**

先明确小玻璃杯是大玻璃的几分之几,就知道小玻璃杯要装多少杯水才能灌满大玻璃杯了。

---

41 陷阱思维游戏

难度:★★★
时间:6mins

1×1

4×1

3×1

2×1

在桌子上放 4 个矩形硬纸板,数字表明了矩形各自的尺寸数,然后请几个朋友将它们重新排列,使它们拼成一个完整的正方形。看你的朋友们能不能做到。如果你的朋友们都不能做到,那么你就演示一遍给他们看吧。

📖 **游戏提示**

不要被这些矩形的长度阻碍了思维。

---

42 画纸带

难度:★★
时间:10mins

埃蒙斯拿来一条硬纸片做成的长条带子,问伙伴们:若蹲着不动,怎样才能在带子上只用一笔从头到尾画一条线呢? 你能做到吗?

📖 **游戏提示**

硬纸片做成的长条带子可以卷成圆圈。

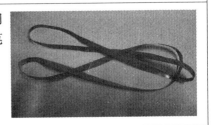

---

43 12 的一半是7

难度:★★★★
时间:10mins

7+7=12?

芬蒂说:"12 的一半是 7。"欧文听见了,嘲笑芬蒂:"12 的一半是 6,这是小学生都知道的事情,你不知道吗?"可芬蒂却坚持自己的意见,并证明了这个等式存在的可能。你知道是什么吗?

📖 游戏提示

要想知道这道题的答案,必须从罗马数字上做足文章。

44 搭桥

难度:★★★★
时间:12mins

图中是用多米诺骨牌搭出的桥。这座桥的结构,很令人费解。因为在搭这座桥时,桥没有搭上几块,就会因中心不稳而倒塌。可是,如果你找到了正确的方法,把这座桥搭成是轻而易举的。你知道是怎么搭的吗?

📖 游戏提示

这座桥只是搭成后的样子,所以在搭桥的时候,你可以先固定桥基。等到桥搭好了,就拆掉一部分的桥基。

45 水中的放大镜

难度:★★★★
时间:10mins

把放大镜放到水里看这把刀,它会不会变得更大呢?

📖 游戏提示

这道题的关键在于亲手实践。

46 折报纸

难度:★★★
时间:8mins

在无聊的时候,你可以做这个游戏,把一张普通报纸对折、对折再对折,看看你能把一张报纸对折 10 次以上吗?

📖 游戏提示

报纸每折叠一次,就翻一倍,那么报纸折叠了 9 次,有多少页呢?

47 硬币的头像

难度:★★★
时间:8mins

准备两个相同的硬币,让一个硬币在右面保持不动,而另一个硬币在左面并不滑动,仅仅是绕着它转。当它转到另一边的时候,最后女王的头像是向上还是向下?

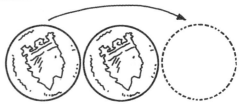

游戏提示

自己拿出两枚相同的硬币,试着旋转一次,什么问题都理清楚了。

48 移位置

难度:★★
时间:5mins

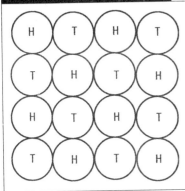

用16枚硬币组成一个正方形,交替放置硬币,显示出 H 和 T,如图所示。现在,你要把这些硬币重新放置,使得第一行都是 H,第二行都是 T,第三行都是 H,最后一行都是 T。在移的过程中,你只能动其中的两枚硬币。

游戏提示

图中说只可以动两枚硬币,没有说你不可以利用移动的这两枚硬币去推动其他的硬币。

49 硬币互相接触

难度:★★★
时间:10mins

摆放 4 个硬币,使它们每个都能碰到另外 3 个硬币,你能做到吗?如果摆放 5 个硬币,使它们每个都和另外 4 个相接触,你能做到吗?

游戏提示

游戏并没有要求你不可以扶稳其中的一个硬币,也没有规定硬币必须是一样的大小。

答　案

第 3 章　49 道创意思维游戏

1. 当欧文把下面的绳子慢而稳地拉住,上面的绳子就要承受书的重量和下面绳子的拉力。于是上面绳子上的拉力就要比下面的绳子大,它当然会先断。如果欧文猛地一拉下面的绳子,惯性就会起作用。一开始书还没有被这一猛拉影响,所以拉力没有被传递到上面的绳子。于是下面的绳子受到了更大的力,先断了。

2. 用杯子套住弹子后旋转杯子,弹子就会附在杯壁上跟着旋转。一旦弹子开始旋转,它就会往上移动。转得足够快之后,你就可以把杯子从桌面上拿起。弹子不会立即就掉下来,它会继续以其动量转动。

3. 往杯子里注水,直到水面高出杯子边缘一点点,形成突起的一层。然后把木塞放进去。木塞会停在水面的最高处,也就是杯子中央。

4. 14 次直线移动。方法如图。

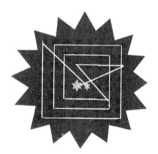

5. 将你的手表平放在手掌上,让时针对准太阳的方向,时针和 12 点方向构成一个夹角,这个夹角的平分线指向就是北方。

6. 如图。

7. 烟鬼每天抽 1 根好烟,因此,他抽完 9 支烟要 9 天,而每根烟又有 1/3 的剩余,那么就有 9 根烟的剩余。又知,3 支剩余的烟可以接成一根新烟,又可以再抽 3 天,那么这 9 根烟可供使用的天数增加到 12 天。而最后 3 天剩余的烟又能接成一支新的烟,这样,

9 根烟就可以这个烟鬼抽 13 天。

8.1. 因为 1 = 5,所以,5 = 1。

9. 雷米撒了谎。因为第 113 页和第 114 页是一页。

10. 因为那人还没有死。

11. 华盛顿用双手分别蒙住马的眼睛,问盗马贼:"你说这马是你的,那么你说这匹马哪只眼睛是瞎的?"盗马贼愣住了,他可没有注意马的眼睛啊,他只好瞎猜:"是左眼。"华盛顿马上放开左手,马的左眼亮闪闪的,一点也不瞎。盗马贼一看,马上改口说:"我记错了,是右眼。"华盛顿又把右手放开,马的右眼同样也是亮闪闪的,根本也不瞎。这时,盗马贼无话可说了,只得低头认罪。

12. 其实这个式子很普通,只要把最后的得数减去 365,前面四位数是出生的月日,后面的是年龄,所以轻易就能得出答案。

13. 不能。鸟的飞行原理与一般飞机相同,必须有足够长的起飞距离。

14. 在线的中间打一个活结,使旁边多出一股线来,从线套中间剪断,苹果就不会落下来。

15. 改造灯座。让灯泡向左旋入,不像其他大部分灯泡是以顺时针方向旋进去的。当小偷想偷灯泡时,不知不觉中将灯泡拧得更紧了。

16. 锅里只炒一粒红豆和一粒绿豆就行了。

17. 他没有吹牛,因为他游的是死海。死海中所含的盐分很高,几乎是一般海水的 7 倍,所以浮力很大,人在水中根本就不会下沉。死海比海平面低 390 米,所以只要下潜一点点,就到了海平面以下 390 米了。

18. 有两种办法:一是清除河面上的积雪,使寒冷传至冰层以下;二是在冰面上浇水,让水快速冻结成冰。

19. 蒂多公主和大家上岸后,向酋长买来一张野牛皮,用小刀把它割成细细的牛皮条,然后把这些牛皮条一个个都连接起来。接着,在平直的海岸上选好一个点作圆心。以海岸线作直径,在陆上用牛皮绳圈起了一个半圆来。酋长一看,大吃一惊,自己部落的一半领土都被蒂多公主圈起来了。

20. 鸭子的尾部有一个尾脂腺,能不断分泌出脂肪。鸭子在游泳的时候,有个经常扭回头,把头贴在尾部,然后在羽毛上擦来擦去的动作,其实,它就是用头把这些脂肪涂在羽毛上。脂肪把水和羽毛隔开了,所以鸭子的羽毛不会被水浸湿,也不会被淹死。而羽毛黏在一起的鸭子,羽毛上的脂肪已不起作用。由于羽毛被水浸湿,所以鸭子就淹死。

21. 把吸管直接插到瓶底,这样就能先喝到瓶底的果粒了。

22. 可以让两个赛手的马交换,这样,两个赛手都想使自己骑着的对方的马跑得快点。把"比慢"变成"比快",所以比赛很快就结束了。

23. 从左边数,将左边第二个杯子的水倒进第七个(即原空杯子的第二个)杯子里,然后放回原处;再将左边第四个杯子的水倒进第九个(即原空杯子的第四个)杯子里,然后放回原处,这样就达到题目的要求了。

24. 只要给汽车轮胎放气,让汽车的高度降低 1 厘米,就可以安全地通过桥洞了。

25. 首先,把毛衣从头上脱下,这样就把它翻了个面,让它的里面向外挂在绳子上。然后,把毛衣从它的一只袖子中塞过去,这样又翻了个面。现在它正面向外挂在绳子上,最后,把毛衣套过头穿上,这样就把毛衣的正面空在前面了。

26. 聪明的小孩是这样回答的,他说:"要看是怎样的桶,如桶和水池一样大,那就是一桶水;如桶只有水池一半大,那就是两桶水;如桶只有水池的1/3大,那就是3桶水。如果……"

27. 将长方形的两个顶点放在圆上,并做以 A、B 的标记,降至的两边与圆弧的交点用"C"点和"D"点标出,将四点的两个对角顶点相连,就可以得到两条交叉的直径。两条直径的交点就是圆心 O。

28. 可以。只要将生鸡蛋的高度拿到 1 米以上,然后让鸡蛋自由下落,当它下落了 1 米的时候,并没有碰到地面,当然不会破。

29. 一边喊"开始"的口号,一边同时拍打塞住耳朵的人。

30. 尽管抓住纸币看上去是很简单的事情,但是如果没有尝试一次就想抓住它是不可能的。因为,很多人的反应不够快。

31. "硬币跳舞"的原因,是手上的热量把瓶里的空气焐热了,热空气膨胀,瓶内空气压强增大,一次次地顶开瓶口的硬币,放出一部分空气。甚至当手离开瓶子后,硬币还会跳上几次。

32. 人在坐着的时候,身体的中心在脊椎下方。如果想保持上身直立而从椅子上站起来,必须把身体中心移到小腿以上。人从椅子上起立的那一瞬间,必须克服body重的巨大阻力才能站起来,在重心没有前移的情况下。人的大腿肌肉没有这么大的力量做到这一点。因此,抵住了额头,人好比粘到椅子上一样,无法站起来。

33. 用一支铅笔在硬币上的纸上直接涂画。这时,硬币的轮廓将会出现在纸上,当然也就看到了硬币的日期。

34. 拿出梳子在头上梳几下,然后把梳子往下放,并使梳子齿放在胡椒粉的上方。这样,胡椒粉就会从盐里分离并吸附在带电的梳子上,原因在于你在梳头时将静电传在了梳子上。

35. 很简单,只要在一个装满水的盆子里,把杯子倒过来,就不会漏一滴水了。当然,刚开始,肯定会漏一点水,但是熟练了,就不会漏水了。

36. C 把桌子的一条腿射断了,桌子倒了,桌上的瓶当然全部碎了。

37. 爬虫类在地球上出现的时间比鸡早得多,而且爬虫类也会下蛋,所以地球上是先有蛋。

38. 从顶部 A 开始,下面有两条可以选择。而从两个 B 分别向下一行移动,那么,可以有4 种选择到达第三行。也就是说,每到下一行可以选择的移动方法是所在行的 2 倍。从顶部 A 向下共有 10 层。所以,如果按照 1×2 来算,然后将所得结果乘以 2,接着再乘以 2,这样重复 10 次,你便得到所有可能的移动方法,即 1024 种。用数学表达式表示就是 2×2×2×2×2×2×2×2×2×2。

39. 将玻璃杯的"底"向左滑动,紧接着把玻璃杯"右边"的木棒挪到玻璃杯的柄脚的左边(如图所示)。这样,杯子就倒过来了,同时,樱桃也就到了杯子的外边。

40. 用小玻璃杯倒 8 次才能把大玻璃杯装满水。因为大玻璃杯在杯身直径和高度上是小

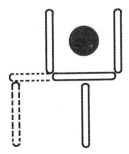

玻璃杯的 2 倍,所以它的体积就是小玻璃杯的体积乘以 8。比如,我们拿一个 1 厘米
×1 厘米 ×1 厘米的立方体举例,它的体积为 1 立方厘米;那么,大玻璃杯的体积,即
2 厘米 ×2 厘米 ×2 厘米,这时它的体积就是 8 立方厘米。

41. 将这 4 个矩形按下图中的样子放在一起。它们的四个边可以在中间(即阴影部分)
组成一个边长为 1 厘米的空正方形。

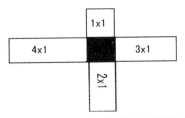

42. 把带子卷成一个圈。转动这个圈,笔不动,带圈转动就行了。

43. 把罗马数字 12(Ⅻ)拦腰切成两半,就成了两个罗马数字 7(Ⅶ)。

44. 在搭桥时,关键在于一开始多放两块作桥墩,如下图所示。当搭了足够多的骨牌后,
桥的构架也就完全稳定了,这时可以把多余的桥墩取走。

45. 放大作用会减小。因为放大镜的放大作用取决于玻璃的曲率和光在空气与玻璃中传
播的速度差。水和玻璃中的光速差没有空气和玻璃中的大,所以放大镜不能有效地
放大图像。

46. 无论纸张厚薄，要对折八九次就几乎不可能。因为报纸每对折一次，一叠中的页数就会翻一倍。对折一次就成了两页，两次就是4页，9次就会有512页。而一叠纸太厚就很难再折了。

47. 旋转的硬币转了整整一圈，虽然它仅仅移动了半圈的距离。在下面的图中，AB两点相距的1/4圆弧和AC两点相距的1/4圆弧相等，当从点B旋转到点C的时候，硬币经过半个圈的旋转后已经上下颠倒了。当从点D旋转到点E的时候，硬币将再次上下颠倒，而和右面的硬币图像一模一样了。

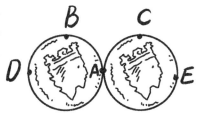

48. 将你的手指放在最后一行的两枚"H"上，滑动它们到第一行两枚"T"的上面的位置，如下图所示。然后，将你的手指紧紧地放在这两枚"H"上，向下推动，这样原来两个柱状的硬币一起向下移动，就又形成了一个正方形。

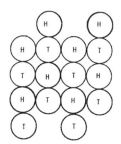

49. 4个硬币的方法如图。

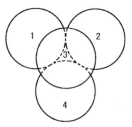

5个硬币如下。一个硬币必须比另外4个小很多。斜靠的硬币不太可能自己站稳——你将不得不在适当的位置扶住它们——而这并不违背题目的要求。

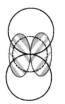

第四章 52道动手思维游戏

1 瓶子上的硬币

难度：★★★★
时间：15mins

这是一个非常有意思的游戏。把一个空瓶子垂直放在桌子上，然后，剪一个2厘米宽、30厘米长的纸带，按照图上的样子将纸带放在瓶口。接着，在纸带上的瓶口处放4枚硬币：先放1枚1元硬币，然后是1枚5角硬币，接着是2枚1角硬币。现在，你要来试试在保持硬币平衡的情况下把纸带移走。在进行游戏时，既不能接触硬币也不能触摸瓶子，唯一可以接触的就是纸带。

你能做到吗？

📖 **游戏提示**

既然可以碰触纸带，那么就可以把纸带的长度变短。

2 用麦秆提苏打瓶

难度：★★
时间：5mins

把一个空苏打水瓶从桌子上拎起来，工具是一只手和一个麦秆。在做游戏时，要遵守以下两个规则：不能把麦秆系成结；麦秆不能和瓶子外的任何部分接触。

你知道该怎样做吗？

📖 **游戏提示**

可以把麦秆放入瓶内，使得它能成为一个提起苏打水瓶的工具。

3 聚会上的趣味游戏

难度：★★★★
时间：15mins

托姆斯在参加聚会时，学了一个非常好玩的游戏。在桌子上放1个鸡蛋、2把叉子、1个瓶塞和1个拐杖，然后用2把叉子和1个瓶塞把鸡蛋稳放在拐杖的末端。这个游戏到底该怎样操作呢？你也来尝试一下，但应该准备足够的鸡蛋，并准备晚上的晚餐就做摊鸡蛋。

如果你学会了，可以去挑战你的朋友，跟他们进行鸡蛋平衡比赛。

📖 **游戏提示**

一个拐杖、2把叉子、1个瓶塞足以构成一个固定鸡蛋的器具。

4 拼花瓶

难度：★★★

时间：8mins

这个造型美观的花瓶是位技术高超的工匠用旁边的碎瓷片拼成的。请你仔细观察后,在碎瓷片上写上对应的编号。

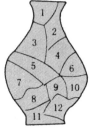

📧 游戏提示

可以反过来找,先拿花瓶上有数字的碎片来对应右边的碎片。

5 摆硬币

难度：★★★

时间：8mins

某一天,凯西想出一个游戏,那就是拿出10枚硬币,然后把这10枚硬币按照"十"字形状排列,使其不论横着或竖着都是6枚。你也替凯西想想,这些硬币究竟该怎么摆?

📧 游戏提示

先拿出硬币中的9枚摆成一个"十"字形,然后把剩余的一枚硬币想办法放到这个"十"字形中去。注意,题中并没有限定每个位置只准放一枚硬币。

6 碑文谜题

难度：★★★

时间：10mins

威利在希腊进行发掘工作时,发现了很多纪念碑的碑文上反复出现下面这个由圆和三角形组成的符号。这个图可以一笔画出,线条可以不重复地画过两次以上,你可以试着画出来。另外,你还可以采取那种更为一般的、允许同一线条可以随意重复画过的画法。只是要求用尽可能少的转折一笔画出这个图形。你知道怎么画吗?

📧 游戏提示

可以先从三角形里面的连线动脑筋。

7 不同的颜色

难度:★★★
时间:10mins

下面是一个奇怪的格子,用四种不同颜色的笔在图上着色,但要使它们相邻区域颜色不同。那么,你要怎么样着色?

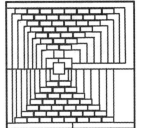

📖 游戏提示

这道题要靠自己的实践。可以选好4种不同的颜色,然后用铅笔在每个小格子里面画上颜色的代码。等到确定颜色后,再用画笔把颜色画好。

可以先选定颜色,比如红色、黄色、绿色等等。

8 填色游戏

难度:★★★
时间:15mins

下面是一个规则的五边形拼成的圆形,将这些圆形分别填上红、黄、蓝和绿色,使得:(1)每种颜色的圆形至少3个;(2)每个绿色圆形都正好和3个红色圆形相接;(3)每个蓝色圆形都正好和2个黄色圆形相接;(4)每个黄色圆形都至少各有一处分别和红色、绿色和蓝色圆形相接。那么,应该怎样画?

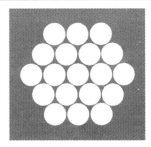

📖 游戏提示

先确定五边形外圈的颜色,再一步步推理里面圆圈的颜色。

9 取滚珠

难度:★★★
时间:8mins

姗妮给小伙伴们一个有趣的任务。在一段两端开口的透明软塑料管内,装有11颗大小相同的滚珠,其中有5颗是深蓝色的,6颗是浅蓝色的(如图所示)。这个塑料管的内径是均匀的,只能让一个滚珠勉强通过。现在,姗妮要同学们要想尽一切办法把深蓝色的滚珠取出来。如果不先取出浅蓝色的滚珠,又不切断塑料管,深蓝色的滚珠是不会出来的。那该怎么办呢?

你知道怎么做吗?

📖 游戏提示

塑料管是软的,因此可以弯曲,并把它连接成一个圆弧。

10 魔鬼建筑

难度：★★★★

时间：15mins

在某个国家的山坡上，建了一栋精美绝伦的建筑。这栋建筑从上空看下来是一朵鲜花，但是里面通道非常复杂，很少有人能走出来，因此被称为"魔鬼建筑"。你看看这栋建筑，按照指示从入口进，从出口出，你能顺利通过这座迷宫吗？

📖 游戏提示

这个游戏靠的是耐心，再加上一点点智慧。

11 长方形构成的区域

难度：★★★

时间：10mins

拿出 3 个相同的长方形，把它们叠放在一起，如图所示，它们相交可以构成 7 个区域。现在，你把这些长方形再次构造，能构成 25 个区域吗？

📖 游戏提示

既然构成的区域要多，那么这些长方形错开的程度就要适当地加大。

12 移硬币

难度：★★★★

时间：15mins

詹姆斯发明了一个很有意思的思维游戏（如图所示）。将除 8 号硬币之外的 9 枚硬币放在五角星的各个位置上。游戏的目的就是除 1 枚硬币外，把其他硬币从五角星上拿下来。拿硬币时，必须用另一枚硬币沿着线从它的上面跳过去，这个硬币跳过去的地方必须是没有硬币的地方（这种移动硬币的方法与跳棋的跳法相同），如把 5 号跳到 8 号，就可以拿掉 7 号。这些硬币到底应该怎么移？

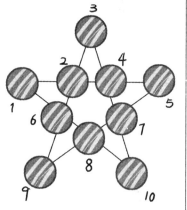

📖 游戏提示

首先可以让任何硬币跳到 8 的位置上，然后逐个突破。

13 隔空取物

难度:★★★
时间:15mins

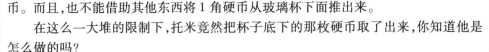

托米做了一个看起来"不可能"解决的思维游戏。首先,他在铺好桌布的桌子上放1枚1角硬币。然后,在这枚硬币的两边各放1枚1元硬币,再将1个倒置的玻璃杯放在这2枚1元硬币的中间位置上。玻璃杯放好之后的样子要和上图一致。

做好这些准备活动后,托米要把那枚1角硬币从玻璃杯底下移出来,但不能移动玻璃杯或那2枚1元硬币。而且,也不能借助其他东西将1角硬币从玻璃杯下面推出来。

在这么一大堆的限制下,托米竟然把杯子底下的那枚硬币取了出来,你知道他是怎么做的吗?

 游戏提示

条件说不能动玻璃杯也不能动硬币,但没有规定不能动桌布。

14 移火柴变图形

难度:★★
时间:21mins

图中是由12根火柴构成的4个相等的正方形,只移动2根火柴,要形成7个不全相等的正方形,该怎么移?

游戏提示

可以考虑把一根火柴架在另一根上。

15 风筝思维游戏

难度:★★★★
时间:15mins

这是著名的"风筝思维游戏"。要做这个游戏,你得先画一个风筝,然后画一条线把风筝连接起来,但是必须一步完成(即用一条线连续画出)。这个风筝线与线之间不能交叉,也不能重复出现,应该怎么画?

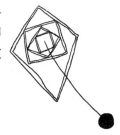

 游戏提示

你必须从线团开始画,然后到风筝的正中央结束。

16 应聘的故事

难度：★★★★
时间：5mins

珀西瓦尔·彭布罗克丢掉了自己的高薪工作,他想再找一个。但是,他应聘的金融投资公司却给了他一个措手不及,因为老板给他出了一个能力测试题。他们给了他4个正方形和8个三角形,他的任务是在5分钟之内把它们拼成1个正方形。那么,他应如何通过公司的这个测试呢?

📖 游戏提示

把4个正方形放在最里面,然后用8个三角形合理围在正方形外面。

17 玩具店的展览会

难度：★★★★
时间：15mins

卡拉培尔又迎来了思维游戏展览会,这里所有的商人都用思维游戏装饰自己的销售窗口。迪利·托诺尔是提沃利市迪利·托诺尔玩具店的老板,今年她想出来一个很好的题目。她用儿童玩具做了一个由9个大小相同的三角形组成的金字塔。如果你想进入最后决赛,就必须使这个金字塔在移走4根梁之后,留下5个相同大小的三角形。

那么,你有没有兴趣参加这个比赛呢?

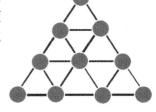

📖 游戏提示

拿掉的横梁在中间那一排的三角形。

18 不倒的多米诺骨牌塔

难度：★★★
时间：10mins

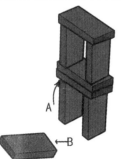

准备7个多米诺骨牌,然后把它们搭建成一个小塔(如图所示),再拿一个骨牌放在塔的前面。做完这一切的准备活动后,你可以在塔不塌的情况下利用骨牌B将A骨牌从塔上移开吗?除了碰触骨牌B之外,你不可以用其他东西接触塔?

📖 游戏提示

此游戏唯一的答案就是快速行动。

19 用纸搭桥

难度：★★★

时间：12mins

在桌子上放两个玻璃杯，它们之间的距离不要太远。然后，将一块较硬的纸放在两个杯口上面。如果在纸的中间再放一个杯子，可以放吗？

游戏提示

一张纸不能支撑一个杯子的重量，那么你完全可以在纸上做一下文章。

20 拼正方形

难度：★★★

时间：15mins

下图是一个如钳子形状的铁片，如果只剪3刀，就拼成了一个正方形。你知道是怎么剪的吗？

游戏提示

仔细观察图中的形状，看拼成一个正方形的条件是什么？

21 "Z"变正方形

难度：★★★★

时间：18mins

乔德·赫拉比是埃及的奇迹制造家，现在，他正准备表演神奇的"Z"。他先把这个"Z"剪成了3块，然后使他们在空中旋转，结果拼成了一个完整的正方形。那么，你知道乔德·赫拉是怎么把它们拼成正方形的吗？

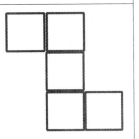

游戏提示

取好正方形的边长，就可以把"Z"裁成拼正方形所需要的材料了。

22 正方形大变法

难度：★★★★

时间：20mins

用24根牙签拼成7个正方形，现在把其中的3根牙签换到其他位置，就可以使所有的牙签拼成14个正方形。你知道怎么拼吗？当然，在拼的过程中，不能把牙签折断。

游戏提示

拼成的正方形由大正方形和小正方形组成。

23　四色问题

难度:★★★
时间:10mins

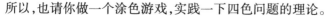

近代世界上有三大数学难题,即费尔马定理、哥德巴赫猜想与四色问题。

四色问题是 1852 年英国数学家费南希斯·格里斯提出的,结论是:"不论多么复杂的地图,只要用四种颜色就可以解决着色问题。"后来,有人要求从理论上加以证明。但经过 100 多年,也没有人能够证明。所以,这个问题就成了世界上著名的数学难题之一。

1976 年,美国有两位数学家,运用高速电子计算机,计算了 1200 多个小时,才证明了这个难题。

所以,也请你做一个涂色游戏,实践一下四色问题的理论。

给图形中的各点(小圆圈)涂上颜色,相连接的两个点的颜色要不同,最少要用几种颜色?

 游戏提示

纸上的图一点也不复杂,所以所要用的颜色非常少。

24　花瓶门变戏法

难度:★★★
时间:15mins

在一个偏僻荒远的高山上,有一座建筑奇特的城堡。城堡不仅造型奇特,它的门也多种多样。游人走进的第一道门是花瓶状,第二道门是长方形,第三道门是正方形。这里的管理人员说,城堡里面的门原本都是花瓶形状,但三道门都做好后,城堡的主人不满意,便改成现在的样子。游人们仔细端详后,发现虽然长方形和正方形门都拼接得很好,但仍可隐约地看出接缝来。

你知道,将花瓶门改成长方形和正方形是怎样锯割的吗?

游戏提示

理清一个花瓶拼成一个长方形或正方形需要的条件就可以了。

25　金枪鱼大转身

难度:★★★★
时间:15mins

将 8 根牙签按照图中所示的样子摆放,再把一个纽扣当作眼睛放在方框内,就成了一条金枪鱼。突然,金枪鱼看见了一条鲨鱼!它必须转身逃命。

你能否将 3 根牙签和纽扣移动一下位置,使金枪鱼转到左边呢?

移动的火柴为金枪鱼最上面的几根。

26 箭头 "4" 变 "5"

难度：★★
时间：10mins

下面有4支印第安箭头,要想挪一下位置就变成5支,你有什么好办法吗?

游戏提示

只要把4支箭头按规矩放好,就可以看见第5支箭头的轮廓。

27 酒会上的瓶塞思维游戏

难度：★★★★
时间：15mins

在酒会上,你可以与你的客人做这个思维游戏。准备2个葡萄酒瓶的瓶塞,然后按照图1的样子把它们夹在手上(即:每个瓶塞都横着放在拇指的分叉处)。

现在,用右手的拇指和中指抓住左手上的瓶塞(两根手指抓住瓶塞的两端),与此同时,再用左手的拇指和中指抓住右手上的瓶塞,然后,把两个瓶塞分开。

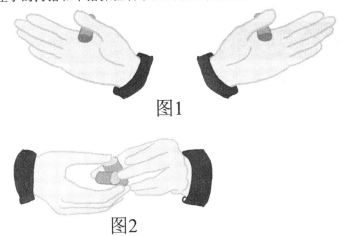

图1

图2

游戏提示

上面的操作听起来很简单,但是初学者在尝试的时候会出现图2的情况。而这正是这个题要避免的,必须将2个瓶塞自然地分开。

28 杯垫完成的圆形

难度:★★
时间:10mins

按照图中的样子,在桌子上放6个圆形的饮料杯垫,这几个杯垫必须相互紧挨。现在,你把它们重新排列,使它们形成一个"完整的"圆。但是,在移动时,你只能移动其中的3个杯垫,并且每个杯垫只能移动一次。该怎样移呢?

☞ 游戏提示

3、5、6号杯垫已经构成了一个圆形的轮廓,所以,移动的杯垫就是其他的3个了。

29 剪三角形

难度:★★★★
时间:15mins

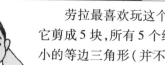

劳拉最喜欢玩这个游戏了。准备一张等边三角形的纸,然后将它剪成5块,所有5个纸块都是三角形。随后,把这些小块组成4个小的等边三角形(并不是所有的纸块在组成三角形时都会用上)。你知道他是怎么剪的吗?

☞ 游戏提示

等边三角形剪成的5个三角形有两对是相同的。

30 热狗变成的狗

难度:★★★★
时间:15mins

这是一个莫尔博斯难题。把13根热狗摆成一只面朝左的狗,能不能只移动其中的两根热狗使这只狗面朝右呢?而且要保证那只狗的尾巴向上翘。它的眼睛是1枚硬币,你可以自由移动。谁先做到呢?

☞ 游戏提示

可以让小狗的头向后扭。

31 悬空的火柴棒

难度：★★★★
时间：20mins

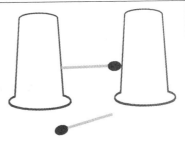

　　威灵顿·曼尼拜格斯是赌场中的名家,他总是用一些新奇的创意与别人一决胜负。一天,他将一根火柴支撑在两个颠倒的玻璃杯的中间部位(如图所示)。现在,威灵顿打赌说,他即使将其中的一个玻璃杯拿走,也可以使那根火柴悬在空中。在做这个游戏的时候,他只能拿桌子上的第二根火柴与那根火柴接触。那么,他到底是怎样取得成功的呢?

游戏提示

　　既然可以用桌子上的火柴与玻璃杯中间的火柴接触,那么采取的措施可以是燃烧两根火柴。

32 死亡三角

难度：★★★★
时间：18mins

　　杂技团的芬顿·凯奇奥尔总是表演自己的拿手好戏——死亡三角。他在表演中所使用的道具都是源自一个著名的思维游戏。如果你把这5个三角形中的任意一个切成两半,那么,就可以把这6个三角形拼成一个完整的正方形。你愿不愿意试一试这个游戏呢?

游戏提示

　　先用四个三角形拼成一个正方形的轮廓,然后再填补正方形里面的空白。

33 8个三角形

难度：★★★★
时间：20mins

　　赫比一家人出去滑雪,休息时,赫比建议大家玩一个非常有意的思维游戏。游戏是这样的:用6根滑雪橇组成8个完整的三角形。如果在家的话,可以利用吸管或者火柴棒代替。

游戏提示

　　用6根滑雪橇可以拼成6个小三角形与2个大三角形。

34 一笔连线

难度：★★
时间：10mins

手里拿着一支铅笔，然后按照左图再重新画一个。画的时候必须一笔画完，线条不能彼此交叉，也不能重复。画时，从图中那位年轻的艺术家手中铅笔的笔尖所指的位置开始。

游戏提示

画这个图形时，必须先画里面再画外面，才不会导致线条交叉。

35 东方好斗鱼

难度：★★★
时间：10mins

在世界上的机械思维游戏当中，持续时间最长的莫过于七巧板。现在，这里有一个七巧板的谜题。这是一个长方形的七巧板，在它的上面是一条东方好斗鱼的轮廓。这个游戏就是要把这7块儿七巧板重新排列成鱼的形状。那么，你能否展示这个过程呢？

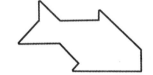

游戏提示

找一张长方形制片，按照上图的样子裁剪，然后按照上图鱼的轮廓开始拼，就可以拼成鱼的形状。

36 把房子旋转 90°

难度：★★
时间：12mins

小狗杰西新盖了一栋房子。趁着晴朗的天气，他把朋友都叫来参观他的新房子。朋友很喜欢他的新家，只是觉得他应该转90°，这样他就可以面对路这边了。现在，我们用10根火柴杆把杰西家的轮廓拼了出来。那么，你能否只挪动两根火柴的位置，使他的家面对路呢？

游戏提示

只需要在房子的上半部分作改变就行了。

37 神奇的叠纸

难度：★★★★
时间：8mins

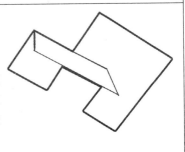

琳达给了鲁西一张长方形纸，并折成了图中的形状。乍一看，把纸折叠成右图所示效果是不可能的。可是，琳达说："如果你的脑子里有正确的思路，将纸折成这样的效果是轻而易举的。"你也来试试看，只允许把一个长方形的纸片剪开两处，不允许使用胶水和胶带，就把纸片折成如图所示的形状，你能不能做到呢？

📢 游戏提示

从长方形长的一边剪开约1/3，然后再来折图形。

38 长方形变正方形

难度：★★★★
时间：20mins

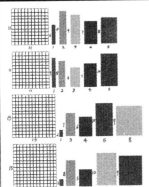

把1到10这10个连续整数分成5组，每组的两个数作为一长方形的长和宽。有几种分组的方法，并能使所得的5个长方形组成一个正方形？

分析出准确的数据后，你还能分别把下面4组彩色长方形填到其左面的正方形框架中吗？

📢 游戏提示

正方形的边分别是11与13，所以1到10这10个连续整数分成的长方形要与这些正方形边的长度对应。

39 最短的行驶路线

难度：★★
时间：6mins

有客车想进入某市的南口，穿过街巷，从东门出去。但是，街巷非常狭窄，在客车拐弯时，只能在拐角处朝拐角方向通过。请在图中找出最短路线。

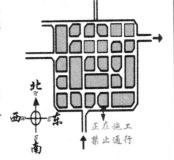

📢 游戏提示

最短的路线是容易找到的，关键是要如何转弯的问题。那么，就得在拐角的地方去思考如何才能将客车转到想要去的方向。

40 取出杯底的纸

难度:★★★
时间:8mins

桌子上摆着一个喝水的杯子,杯子里面装满了水,在杯子底下有一张白纸。你能在不移动杯子的情况下,取出杯子下面的白纸吗?

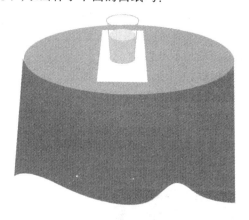

游戏提示

可以利用物理的惯性去解决这个问题。另外,做这个游戏的时候,白纸和杯子一定不能沾水,否则这个游戏不能成功。

41 不规则图与正方形

难度:★★★
时间:8mins

图中是一个不规则的纸片,如果要你把这个纸片剪开,并拼成一个正方形,最少要剪几刀?

游戏提示

纸片所剪开的图形都是相对称的。

42 印度花变成十字架

难度:★★★
时间:10mins

一个魔术师把种子搁在帽子里,很快,帽子里就长出了一朵美丽的花。然后,他把这8张纸片拼成一个十字架。
你知道它的拼法吗?

游戏提示

这个游戏关键靠动手的能力,所以,你只有准备一些类似的纸片,才能拼成一个完整的十字架。

43　红十字一变二

难度：★★★
时间：8mins

　　一名士兵在红十字护士小姐的精心看护下，很快恢复了健康。为了纪念这次的战役，他请求护士把手臂上的红十字送给他作为纪念。可是红十字只有一个，护士把自己的给了士兵，自己的就没有了。后来，好心的护士想出了一个绝妙的办法，她拿出了剪刀，把臂上红十字剪成了几片，把它们拼成了两个大小相等的红十字，并把其中的一个送给了伤兵。请问她是怎么做到的？

游戏提示

　　可以把大红十字剪成一个小的红十字后，再把剩下的部分拼成一个红十字。

44　吸管的力量

难度：★★★
时间：5mins

　　我们用来喝饮料的吸管一般都比较软，轻轻一折也就弯了。但是，吉姆却说他可以不用任何工具就将这么柔软的吸管插进土豆里面去。波比认为他在吹牛，可是吉姆却真的做到了。你知道吉姆是如何做到的吗？

游戏提示

　　在插吸管的时候当然是有技巧的，要从吸管是中空的里面可以藏空气这个方面去思考，也可以自己动手试试看。

45　献爱心活动

难度：★★★★
时间：15mins

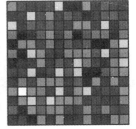

　　在某国发生的地震中，很多人都保证不了基本的生活条件。某一个组织的11位成员为了表达他们的爱心，决定每位成员捐出一块至少含有一个方块的棉布片，每块棉布片都是正方形。将这些棉布块拼凑在一起，且尽量让每块都要被使用到。如果谁的棉布块没用，她将不能尽到自己的一份爱心了。因此，就需要仔细想想如何把所有大小不一的布块拼凑起来组成一块大被单。左图是这11位成员捐出的棉被组成的正方形。

　　请问，这些棉被在未拼好前是怎样的呢？拼的时候，要求每个小正方形至少含有一个格子。

游戏提示

　　将13×13的锦被分成11个小正方形，可以从大到小依次类推。

46 碎片变圆形

难度：★★★
时间：10mins

图中是一些杂乱无章的碎片，用这些碎片可以拼凑成一个圆形，但要拼好这个圆形非常不容易。你来试试吧。

🖙 游戏提示

这个游戏不适合纸上谈兵，你只要动手实践加上一点点耐心，就可以拼成一个完整的圆形。类似的纸片，才能拼成一个完整的图形。

47 鹅变蛋

难度：★★★
时间：8mins

你知道如何将鹅形状的纸片剪开拼成一个蛋，或者把蛋形状的纸片剪开拼成一只鹅吗？

🖙 游戏提示

在实际操作的过程中，可以把鹅形的纸片分成3部分，然后拼成一个鹅蛋。

48 长纸条变五边形

难度：★★
时间：8mins

如何在一长条的纸上通过打结来作出下图所示的规则五边形？

🖙 游戏提示

可以先把长条的纸打上一个结，然后再整合成五边形。

49 架桥

难度：★★★
时间：15mins

如果觉得在聚会的时候无聊，你可以跟你的同伴做这个游戏。拿3把餐刀，在桌上分别隔一把半刀的长度放3个平底大玻璃杯，组成一个三角形。

然后尝试仅仅用3把刀在平底大玻璃杯上搭桥，并且桥的强度要足够让第四个平底大玻璃杯放在桥中间。

🖙 游戏提示

这个游戏可以借助中国结的原理。

50 变四边形

难度:★★
时间:8mins

图中8个硬币组成了一个四边形,且每边由3枚硬币组成。请移动其中的4枚硬币,使之变成每边4枚硬币的四边形。

 游戏提示

图中允许有空白的地方,硬币也可以重叠。

51 "二"变"八"

难度:★★★
时间:10mins

图中是五根火柴组成两个等边三角形,现在你增加一根火柴,移动两根火柴,能变成8个等边三角形吗?

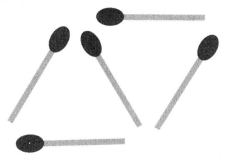

游戏提示

可以利用这些火柴把图形拼成一个六角星。

52 分土地

难度:★★★★
时间:15mins

房子

有一块方形的土地,可其中房子占据了土地的1/4。土地的主人想把其他土地分成相等的4份,形状也相同,你知道该怎样分吗?

游戏提示

分出来的土地非常不规则,但是每块土地都是由两个三角形组成的。

答　案

第4章　52道动手思维游戏

1. 纸带太长,采取猛拉纸带的做法是不可能的。你必须先在距离硬币2厘米的地方把纸带从一边剪断或者撕掉才行。然后,抓住纸带的另一端,并且拉直使纸带与瓶子成90度。然后,伸出另一只手的食指,快速击打手与瓶子之间纸带的中间位置。这样,纸带就会快速从硬币下面脱出,同时由于速度很快,硬币会依靠惯性而不至于从瓶子的顶部掉落。

2. 将麦秆从一端约3厘米的地方轻轻地折起来,使麦秆呈现"V"形。然后,把这一端插入瓶内,慢慢调整麦秆直到把它楔牢(如图所示)。这样,你便可以把瓶子从桌子上提起来了。

3. 将两把叉子插在瓶塞上,使它们与瓶塞保持60°(如图所示)。然后,把瓶塞底部挖空,使它能够紧贴在鸡蛋大头那边。现在,把插有叉子的瓶塞放在鸡蛋上面;然后把鸡蛋放在拐杖的末端。稍微调整之后,你就可以把鸡蛋完好地放在上面。

4. A:6,7,8,1;B:2,3,4,5;C:12,11,10,9。

5. 看起来把10枚硬币按照要求摆是不可能的,但题目并没有限定每个位置上只准放一枚硬币。你可以在"十"字的中心位置摆两枚硬币,这样10枚硬币不论横竖就都是6枚了。

6. 这个图可以经过13个转折一笔画成,如图:

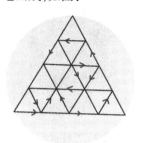

7.

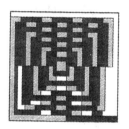

8.

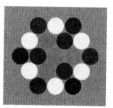

9. 由于塑料管是软的,可以把塑料管弯过来,使两端的管口互相对接起来,让两颗浅蓝色的滚珠滚过对接处,滚进另一端的管口,然后使塑料管两头分离。恢复原形,就可以把深蓝色的滚珠取出来。

10.

11.

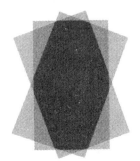

12. 移动的顺序是:(1)5 号跳到 8 号,拿掉 7 号;(2)2 号跳到 5 号,拿掉 4 号;(3)9 号跳到 2 号,拿掉 6 号;(4)10 号跳到 6 号,拿掉 8 号(5)1 号跳到 4 号,拿掉 2 号;(6)3 号跳到 7 号,拿掉 4 号;(7)5 号跳到 8 号,拿掉 7 号;(8)6 号跳到 10 号,拿掉 8 号。

13. 将食指放在桌子上,方向要与这枚 1 角硬币相对。然后,轻轻地用手指抓动桌布。这样,硬币会慢慢地向相反的方向移动,不一会儿,它就可以从玻璃杯下面"走"出来。

14.

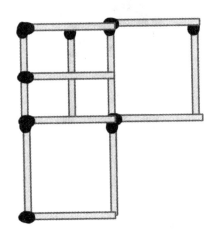

15. 答案如图所示。

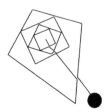

16. 答案如图所示。

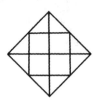

17. 答案如图所示。

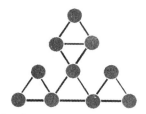

18. 移动骨牌B使其垂直竖立时正好可以碰到A骨牌的边。然后将你的食指穿过塔的拱门,放在B骨牌的底边并且按紧;之后,"弹起"并迅速击打A骨牌。这样,A骨牌便会从塔上分离,它上面的骨牌随即落在两边竖立的骨牌上,而塔安然无恙。

19. 按照下图所示的样子把纸打成褶,这样纸就可以承受一个杯子的重量了。

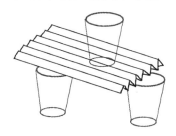

20.

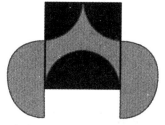

21. 图1中展示了切割线,图2展示了这3块儿是如何在重组后形成一个正方形的。

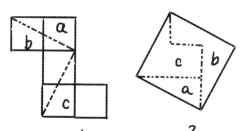

22. 将原图中最右边的3根牙签移到下图中的新位置上,这样,图中就有9个小正方形、4个由4个小正方形组成的中等正方形以及1个由9个小正方形组成的大正方形,一共是14个正方形。

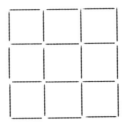

23. 最少要用两种颜色。

24. 把花瓶门改成长方形门,只要从花瓶中心纵向锯开,再反转拼合即成(如图1、2)。把花瓶门改成正方形门,则须依虚线将花瓶分割成三块(如图3)。

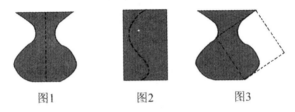

图1　　　　图2　　　　图3

25.

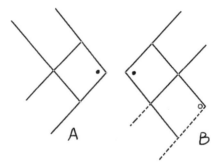

26. 按照下图的样子放置箭头,你就会"发现"在中间的位置上出现第五个箭头的轮廓。

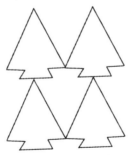

27. 这个题的秘密就在于两只手交叉时的位置。没有经验的人将两只手交叉时,手掌往往朝向身体,这样就会出现我们所描述的结果。要解决这个难题,要把右手的手掌向内转并把左手的手掌向外转,然后再抓住瓶塞。这样,两只手不仅不会相互交叉在一起反而会轻而易举地分开。

28. A图到C图向我们展示了如何将这些杯垫重新排列形成一介"完整的圆"的过程。

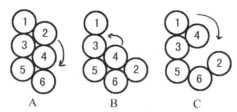

29. 如下图所示:图A所示的是最初的三角形,上面显示了将要被剪成的5个部分。纸片1便是这4个等边三角形中的一个。图B、C、D展示了其余3个三角形是如何利用这些纸片组成的。

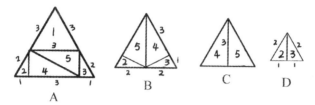

30.

31. 在拿走玻璃杯之前,先把第二根火柴点着。然后,再用它点着支撑住两个玻璃杯之间的那根火柴;当这根也点着时,等一两秒钟,然后吹灭。稍等片刻,这根火柴就会熔贴在玻璃杯上。然后,你可以将另一侧的玻璃杯拿走,这时,这根火柴将会悬在空中。

32. 如图所示。

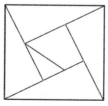

33. 如图所示(下图有6个小三角形和2个大三角形)。

34. 答案如下图。

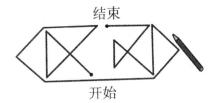

35. 如图所示。

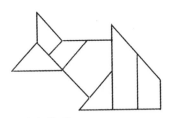

36. 图中虚线将所要移动的火柴说清楚了。

37. 从长方形形长的一边剪开约 1/3,向下折,把它折在反面,剩下的就很简单了。

38. 答案是 4。四个由长方形组成的正方形被画在下面。

39.

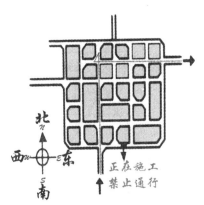

40. 抓紧纸,利用物理的惯性,迅速地把纸从杯底抽出,这样,杯子最多晃两下就会恢复原状。

41. 如图所示,先剪下 1 和 2 两个小三角形,将其拼到中间,然后沿折线剪开,把第四部分向下移动一格就可以构成一个正方形。

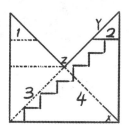

42. 如图。

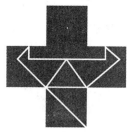

43. 按照图 1 剪开红十字,按照图 2 的方法拼出第 2 个红十字。

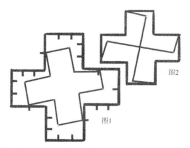

44. 吉姆能将并不坚硬的吸管穿过土豆,是借助了大气压的作用。他将拇指按住吸管的上端,也就把空气留在了吸管里,在往下插的时候,空气被封在吸管内,使得柔软的吸管变得坚硬起来,所以就能轻易地插进土豆。

45. 将 13 × 13 的棉被按图中的方法分成 11 部分。

46. 如图。

47. 将鹅形状的纸片剪成三部分,然后拼成一只鹅蛋,方法如图。

48. 先将一长条纸片打一个普通的结,再仔细地将结弄平整,并尽量将它压紧。这样就形成了一个规则的五边形。

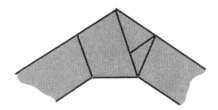

49. 可以这样放这些刀:每把刀都在它左面刀的上面且在它右面刀的下面,或者正好相反。这样有三脚的桥一定不会倒塌,而且可以承受一个相当大的重量——比一个平底大玻璃杯的重量要重得多。

50. 如图。

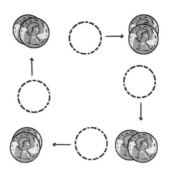

51. 如图。

52. 如图。

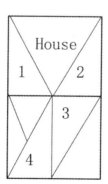

第五章

50
道
创
新
思
维
游
戏

1 烤南瓜饼

难度：★★★★

时间：5mins

勒斯赶着去上班，于是，他想在3分钟的时间里烤出3张南瓜饼，可是他家的烤锅一次只能烤两张饼，烤一面所需要的时间是1分钟。你能帮勒斯想到解决问题的好办法吗？注意：饼的两面都需要烤。

游戏提示

将3张饼子按顺序分配好，相互搭配着烤，就可以起到节省时间的效果。

2 混血儿的妙招

难度：★★★

时间：3mins

艾森是一名中美混血儿，他的朋友有两个一模一样的瓶子，这两个瓶子无论是大小、形状，还是重量都没有一丝区别。只是，一只瓶子里装有半瓶油，另外一只瓶里没有油。可是聪明的艾森总是能在没有任何称量工具的情况下，将油均匀地分好。你知道艾森是怎样做到的吗？

游戏提示

利用浮力学中的阿基米德原理来考虑，分清楚物体上浮至漂浮所受浮力与重力的关系。

3 爱情麻辣题

难度：★★★

时间：3mins

尚琳是"爱情麻辣城"的老板，身价有好几千万。尽管她很富有，可是知识水平并不高。于是，她很注重对孩子的培养。晚饭后，她给儿子出了一道自命为"爱情麻辣题"的小题目。题目内容为图中有一个"duck"的单词，你能否移动一根木棒，将鸭子的单词变成公鸡的单词吗？伙伴们，你们也赶紧加入他们的爱情麻辣题中来吧！

游戏提示

若在解题之前先了解一下鸭子的单词与公鸡的单词的拼写方法，可为解题带来意想不到的收获。

4 惨遭"失手"

难度：★★

时间：2mins

身为举重运动员的 Tim，能轻易地举起 400 斤的东西，可有一天，他竟然连一件 200 斤重的东西都举不起来，请问是什么原因造成 Tim 失手？当然，他没有生病也没有受伤。

▣ 游戏提示

结合 Tim 的实力及无意外发生的情况下，便知原因与 Tim 本人有关。

5 报纸共几页

难度：★

时间：1mins

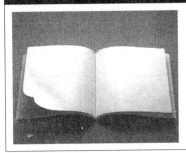

从一份报纸中抽出一张，发现第 8 页和第 21 页在同一张纸上。根据这个，你能否说出这份报纸共有几页？

▣ 游戏提示

由于第 8 页和第 21 页在同一张纸上，由此可知第 8 页之前与第 21 页之后的页数是相同的。

6 花园种树

难度：★★

时间：2mins

一个花园里沿着 6 条笔直的路种有 5 棵树——2 条路上有 3 棵树，4 条路上有 2 棵树。你能否设计一个新的花园，里面有 6 棵树和 4 条路，使得每条路正好有 3 棵树？

▣ 游戏提示

只添加 1 棵树，却要使每条路都有 3 棵树，那么就得从有 2 棵树的路上去考虑。

7 拼字

难度：★★★★

时间：4mins

Amy 想用这 5 块积木组成一个"上"字，可是她弄了好几个钟头，都没有弄清楚。你能告诉 Amy 怎么拼吗？

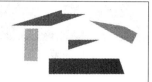

8 一道连线题

难度：★★★★
时间：4mins

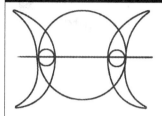

阿莫斯·埃德哈根正在自己的吊床上睡午觉,而他这时本应该在沙滩上享受自己的假期。为了解决一个连线题,他在沙子上连了一个上午。他想要一笔连出左图的图案,每一部分的线条彼此不能交叉。你能帮帮他吗?

游戏提示

从中间横线的一头开始,最后以横线的另一头结束,当然这根横线是经过好几次连结而成的。

9 共要蘸多少次水

难度：★
时间：1mins

杰克平时喜欢用蘸水笔写字,可蘸水笔很麻烦,总是要不断地蘸水,杰克为此感到很苦恼。现在问,如果用蘸水笔写数字,每写一个数字符号需蘸一次水,那么要把0~15的各数连续写出,共需蘸多少次墨水?

游戏提示

注意是一个符号一次。

10 女警本色

难度：★★
时间：5mins

女警艾瑟儿接到某城有人被绑票的通知,该城的地图如下。现在,请你帮艾瑟儿从地图中找出一条最节省时间的路线。

游戏提示

先将这幅图瞧明白,然后启动反向思维去找答案。

11 奇数变偶数

难度：★★★★★
时间：5mins

IX 是 9 的罗马写法。请问：如何加上一笔使它变成偶数？

游戏提示

当然这个偶数的表示方法已不是罗马写法了。SIX 是罗马数字 6 的写法吗？

12 放牛娃拴牛

难度：★★
时间：2mins

放牛娃用一根 7 米长的绳子拴住了牛脖子，让它在一棵树下吃草，这棵树距离旁边的麦地有 10 米远。然后放牛娃就和小朋友们玩去了，等他回来时发现牛正在麦地的边上吃麦苗，他因此受到了母亲的责骂。但是，拴牛的绳子很结实，没有人解开它也没有断。牛是怎么吃到麦苗的呢？

游戏提示

放牛娃只拴住了牛的脖子。

13 考验女友

难度：★★★
时间：2mins

机灵的莫尼卡总是喜欢考考心爱的女友。他将两个橙色杯子分别装着一种无色、无味、不能相互混合并且比重不同的液体，然后他告诉女友，其中一种液体是水。请问：用什么方法才能把水辨别出来（不能亲自去尝，有可能是有毒的化学试剂）？

游戏提示

水与一般的液体是不能混合的。

14 维克养兔子

难度：★★★★
时间：5mins

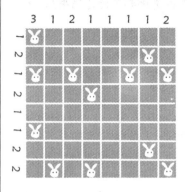

维克养了几只小兔子，他为小兔子们打造了一个如同表格一样的家（如图所示），并在里面放了一些萝卜，每只兔子都有一棵专属于自己的胡萝卜，这棵胡萝卜有可能紧邻在兔子的四周，但不可能出现在兔子的对角线相邻位置。同时，两棵胡萝卜也不能相邻。也就是说，它们彼此之间不能"接触"，位于每行和每列的胡萝卜数目已经标示在表格旁了。到底兔子们的食物在哪里呢？

📢 游戏提示

注意横、纵坐标上的数字，可从左上角开始寻找。

15 笆笆拉面试

难度：★★★
时间：3mins

笆笆拉去一家玩具公司面试，主考官给她出了一道很奇怪的题目。一盒玩具球中有 4 个小球，每个小球都是按照标准的重量制造的。在质检过程中，工作人员发现其中一个小球是次品。现在知道那个次品的重量要比其他合格品的重量重一些，如果让你用天平只称量一次，你知道如何判断哪个小球是次品吗？

📢 游戏提示

抓住次品球的重量要比合格品重这个条件。

16 脱脂牛奶

难度：★★★
时间：4mins

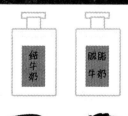

一天，妈妈让卡门去买牛奶。售货员告诉他："纯牛奶 9 毛钱一袋，脱脂牛奶 1 元钱一袋。"于是卡门买了一瓶纯牛奶，并将 1 元钱放在柜台上。这时站在卡门旁边的艾比也把 1 元钱放在柜台上，说："给我一袋牛奶。"售货员给了他一袋脱脂牛奶。请问，售货员是怎么知道艾比是想要脱脂牛奶的？

17 相遇问题

难度:★★★
时间:3mins

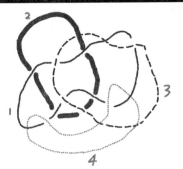

某河上下两港相距 90 公里,每天定时有"超越"号、"越洋"号两艘船速相同的客船从两港同时出发相向而行。这天,"越洋"号船从上港出发时掉下一物,此物浮于水面顺水而下,2 分钟后,与"越洋"号船相距 1 公里,预计"超越"号船出发后几小时与此物相遇?

☞ 游戏提示

"越洋"号船顺水而下的速度为船速加上水流的速度。浮物的速度即水流的速度,所以"越洋"号船与浮物的速度差为船速。根据"2 分钟后,浮物与越洋号相距 1 公里",可求出船速,再利用浮物的速度即水流的速度,可以与逆水而上的"超越"号水流速度相抵消。

18 农场主分地

难度:★★★★
时间:4mins

美国佛罗里达州有一位名叫保拉的农场主,他拥有一块地,形状如下图。他有 3 个儿子,儿子长大后,保拉决定把地分成 3 份给 3 个儿子,要求不仅面积一样大,形状也得相同。你知道需要增加几根火柴才能按要求摆出分地示意图吗?

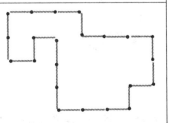

☞ 游戏提示

因左上方的图形已大致定形了,所以只能从右下方来考虑。

19 可怜的太太

难度:★★★★
时间:5mins

帕姬太太有一条非常珍贵的钻石项链,这条项链的挂坠上镶有 25 颗呈十字架排列的钻石。清点十字架上的钻石是帕姬太太平日里最热衷的事情,她无论是从上往下数,还是从左往上数或者从右往上数,答案都是 13。但是,她的数法在无意间被工匠师知道了。当帕姬太太拿着被工匠师修理好的挂坠,当面清点完回家后,工匠师正看着手里从挂坠上取下的钻石偷着乐呢。

你知道工匠师在哪个地方动了手脚吗?

☞ 游戏提示

既然从上往下是不会变的,那么我们就可以从左右来考虑了。

20　约瑟芬切西瓜

难度:★★★★
时间:5mins

约瑟芬的家里来了客人,爸爸便抱出一个大西瓜招待客人。约瑟芬见了,立即拿着刀说他来切。爸爸说,如果约瑟芬只用切 4 刀就能把西瓜切成 15 块,就让他切。约瑟芬想了很久也没有想出来应该怎么切。亲爱的,你能帮帮约瑟芬吗?

☞ 游戏提示

先用 3 刀,使西瓜分成 8 块,再找一个特殊的位置,将 8 块西瓜多切出 7 块。

21　"我爱"木糖

难度:★★★
时间:6mins

某副食品厂生产了一批木糖,每 100 粒装在一个瓶子里,6 个瓶子为一箱。在推向市场之前,食品厂必须把这些货送到食品质检局检验。一天,食品厂接到紧急通知:某箱木糖里,有几个瓶子里的木糖颗粒超重 1 毫克。

如果每一瓶都取出一粒木糖来称量,那么一共需要称量 6 次才能得出结果。那么,能不能想出一个最好的办法称一次就能解决问题呢?

☞ 游戏提示

6 个瓶子中取出的木糖数不能相同,其中任何 3 个数相加也不能得出相同的数。

22　帮助杰尔

难度:★★★
时间:5mins

在一个不规则的透明玻璃瓶中装有 8 升硫酸,这个瓶子的上面只刻着 5 升、10 升两个刻度。现在杰尔急需从中倒出 5 升,别的瓶子上也都没有刻度,而硫酸的腐蚀性又大。请你帮他想一想,用什么办法一次就能准确地倒出需要的量?

📖 **游戏提示**

可以利用"乌鸦喝水"的逻辑来想办法。

---

23 连接断桥

难度:★★
时间:2mins

不弯折或剪开这张纸,你能把断桥接起来吗?

📖 **游戏提示**

你需要的只是眼睛。

---

24 不等式变等式

难度:★
时间:1mins

下面的不等式是由 14 根火柴组成的。请你只移动其中一根火柴,就使不等式成为等式。

📖 **游戏提示**

只移动一根火柴使等式成立,就得从 74 这个数上去考虑如何移。

---

25 彩色的风轮

难度:★★★
时间:3mins

金尔雅和丽莎两人躺在沙发上看电视,忽然觉得很无聊。于是,金尔雅提议两人一起折风轮。一个小时后,丽莎一人便折了 6 个风轮,用一根 1 米长的绳子每隔 0.2 米拴 1 个正好。可是她不小心用剪刀剪坏了一个,重新折的话又没有多余的塑料膜了。现在还要求 0.2 米拴 1 个,绳子不能剩。请问:丽莎该怎么拴?

☞ 游戏提示

因题中没有对绳子作要求,所以绳子并非一定是直的。

26　考考你的 IQ

难度:★★★
时间:5mins

考考你的智慧,现在给你一盘水、一个烧杯、一个软木塞、一个大头针和一根火柴。你必须使所有的水都进入烧杯,但不能把盛水的盘子端起来或者使之倾斜,也不能借助其他工具使水进入烧杯。你说,你得怎样做才能完成任务呢?

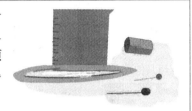

☞ 游戏提示

这道题要利用火柴燃烧需要消耗氧气的原理来解答。

27　奥迪的车速

难度:★★★★
时间:5mins

科林买了一辆奥迪轿车。为了满足一下小小的虚荣心,他准备开车回家探望双亲。在全程的最初 30 秒内,他以时速 40 ~ 50 公里行驶。为了让全程的平均时速能保持 60 公里,接下来的 30 秒,时速应该是多少呢?

☞ 游戏提示

在解题之前,建议将题目仔细地看一遍。

28　乒乓两重奏

难度:★★
时间:2mins

文森缠着佛能陪他一起打乒乓球。佛能被吵得实在受不了,于是想了一个妙计:“文森,这袋子里放了两个乒乓球,一个黄色的,一个白色的。现在,要你伸手进去拿乒乓球。如果你拿到黄色的,我陪你玩。但如果拿到白色的,就要放弃了,而且不能再吵我!”

文森的眼睛顿时亮了起来,但此时却瞥见转过身的佛能放了两个白色乒乓球进去。那么,不论她拿到哪一个都会是白色的。

请问:文森是不是玩不成乒乓球了?

☞ 游戏提示

只需想办法让佛能不见着文森拿在手里的球就行。

29 不能交叉的路

难度：★★
时间：2mins

一个院子中住着三户人家。大房子的主人要修一条直通院子大门的路(图的正下方)。左边的人家要修一条路通向右边的小门。右边的人家的要修一条路通向左边的小门。并且3条路都不能与其他路相交叉,该怎样修呢?

☞ 游戏提示

3条路都不能交叉,那么大房子主人要修的路肯定要弯很多。

30 在劫难逃

难度：★
时间：1mins

琼斯正在一条正方形隧道里跑,希望能躲开快向他滚来的大圆石。方形隧道的宽度和圆石的直径一样,都是20米。隧道还有很远才能到尽头,他是否注定要被石头压扁?

☞ 游戏提示

拿出一张纸和一支笔,在纸上画一个正方形,并在正方形内画一个直径等于正方形边长的圆,再结合实际比例,从中你就可以找到正确答案。

31 另一幅图

难度：★★
时间：2mins

下面是一对夫妇的结婚照。你能找出另一幅反映他们几年后生活的图吗?

☞ 游戏提示

要想找出另一幅图,就需要换一个角度来看。

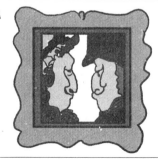

32 无穷旅馆

难度：★★★★★
时间：3mins

这个问题把你引向奇异的无穷世界：你是一家无穷旅馆的经理，你的旅馆有无穷多个房间。无论旅馆有多拥挤，你都能给新来的客人安排房间：只要简单地把1号房间的客人移到2号，2号房间的客人移到3号，3号房间的客人移到4号，依次类推。把所有的客人都用此方法安置好后，你就可以把新来的客人安排在1号房间。

不幸的是，当你正打算去休假时，来了一批前来开会的客人，会议讨论的问题一定很热门，因为来了无穷多个人。你已经有了无穷多个客人，那你怎么安排这批新客人呢？

游戏提示

既然是无穷旅馆，那么已有无穷多个客人，再接待无穷多个客人时所需要的房间就是现在的两倍了。

33 加菲猫

难度：★★★★
时间：6mins

加菲猫越来越淘气了。今天早晨，它爬到桌子上把阿布库最钟爱的挂钟摔成了两半，两个半块钟表面上的数字之和恰好相等。请问：钟表到底是从哪里裂开的呢？

游戏提示

既然分成两个半块，而半块上的数字之和又是相等的，那么一定跟数字3与10有关。

34 变色

难度：★★★★★
时间：2mins

如何把这个骑白马的蓝骑士变成骑红马的白骑士？

游戏提示

只需用你的眼睛就可以做到。

35 生死存亡的关键

难度：★★★★
时间：8mins

"枪神"、"枪怪"和莱特是敌对关系，在一次面临生死存亡的场面上，他们3人所站的位置正好构成了一个三角形。其中，被称为"枪神"的人百发百中；被称为"枪怪"的人3枪能命中2枪；莱特枪法最差，只能保证3枪命中1枪。现在3人要轮流射击，莱特先开枪，"枪神"最后开枪。如果你是莱特，怎样做才能胜算最大呢？

游戏提示

当自己的实力处于较弱的位置时，减少敌手可能是最危险的举动。

36 洞中的土

难度：★★
时间：1mins

哈姆在山腰上挖了一个洞，洞深20米，宽3米，高4米。请问：你知道洞里面有多少立方米的土吗？

游戏提示

理清题意，不要被一些条件左右了思维。

37 可能吗

难度：★★★
时间：4mins

倘若某个国家颁发一条规定：一位母亲生了第一个男孩后，她就立即被禁止再生小孩。这样的话，有些家庭就会有几个女孩而只有一个男孩，就不会有一个以上的男孩。所以，用不了多久，女性人口就会大大超过男性人口了。你认为这可能吗？

游戏提示

我们需要抓住问题的关键是生男女的比例并不受胎次的影响。

38 扑克牌的意思

难度：★★★★
时间：5mins

数学家葛教授出差,住在一家星级酒店里。

一天深夜,人们发现他昏迷在酒店的一间包房内,而随身带的钱包却不见了踪影。罪犯在现场没有留下任何痕迹,只是教授的手里握着一张扑克牌"K"。然而,这间酒店的房门号不是三位数,如果说这张牌代表"013"号房门,酒店又恰好没有这个房间号。但聪明的探长还是一下就明白了,很快抓到了罪犯,

你能想出来吗?

📖 游戏提示

葛教授是一位数学家,他手中的牌与数学中的某一符号谐音,他是想通过这个符号给出暗示。

39 会发声的陶瓷品

难度：★★
时间：1mins

一位古董商正在与富翁谈生意,他告诉富翁自己有一件很值钱的陶瓷瓶,这个陶瓷瓶里面可以发出清脆的声音,但是里面什么东西也没有,富翁一听当然非常感兴趣,于是便花大钱买下了这件宝贝。拿回家轻轻一摇,里面果然有清脆的声音,他很好奇,想看看瓶子里究竟有什么东西,可是这个瓷瓶的盖子怎么也打不开,富翁好奇心切,最后把瓷瓶打碎了想一看究竟。结果什么都没有发现。那么到底是什么东西发出的声音呢?

📖 游戏提示

里面的东西既没有溶化,也没有蒸发,那么它还会去哪里呢?

40 可怜的瑟妮

难度：★★★
时间：3mins

瑟妮有一位厨艺高超的妈妈,妈妈每天都会变着花样做各色美味的饭菜。可是,妈妈做的饭菜越是好吃,可怜的瑟妮却越是吃不到妈妈做的菜。当然也没有贪吃的

家人抢瑟妮的饭菜。你知道这是为什么吗?

🔊 游戏提示

既然家人没有抢瑟妮的饭菜吃,那么妈妈做的饭菜是给 一 谁吃了呢?

---

41 切蛋糕

难度:★★★★
时间:7mins

卡罗丝拿到了特等奖学金,全家特别高兴。妈妈为了帮卡罗丝庆祝,还特地从罗莎蛋糕店买了一个特大的长方形蛋糕。蛋糕非常漂亮,上面点缀着 10 个红色的山楂果。看着这个漂亮蛋糕,5 个小朋友都想要蛋糕上的山楂果,也不计较蛋糕的大小。卡罗丝的妈妈想了一下,只在蛋糕上切了 3 刀,就把这些山楂果平均分成了 5 份。你知道卡罗丝的妈妈是怎么切的吗?

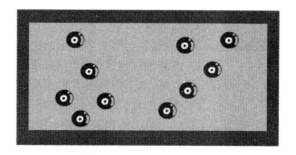

🔊 游戏提示

在纸上画出三条直线,把 10 个山楂果平均分成 5 份。

---

42 如何得到氧气

难度:★★★★
时间:5mins

圣彼得堡的冬天非常冷。密克差几个焊接点就将完成焊接任务,可就在这时,氧气瓶里没有氧气了。这时候,密克怎样做才能快速弄到一点儿氧气,以便完成工作呢?

🔊 游戏提示

建议从氧气瓶内的压力去考虑。

43 红酒瓶塞

难度:★★
时间:2mins

晚上,洛克喝了半瓶红酒后,便找了一个软木塞将瓶口盖住。若不拔去瓶塞,不打破酒瓶,请问:洛克要用什么办法才能把酒喝光?

📢 游戏提示

既然木塞是软性质的,那么它具有一定的活动性。

44 脸的朝向

难度:★★★
时间:5mins

倘若米歇尔、锡德两个人,一个人脸朝东,一个人脸朝西地站着,不准走动,不准照镜子,他们俩怎样才能看到对方的脸?

📢 游戏提示

眼睛对眼睛的时候就可以做到这一点。

45 捕鸟

难度:★★★
时间:3mins

凯伊与伙伴们一起捕鸟,发现一只小鸟飞进一个小洞里躲了起来。小洞很狭窄,手伸不进去。如果用树枝戳的话,又会伤害小鸟。你能想一个简便的办法.把小鸟从洞里捉出来吗?

📢 游戏提示

想想有什么办法既不伤害小鸟,还能迫使它往洞口外走。

46 真命试题

难度：★★
时间：2mins

爱米达为了提高自己的数学水平,特地从网上买了一本有关数学的真命试题书。书中有一道如下的算式,按一般考虑当然是不正确的。但从某种角度来看,它便成立。这是什么角度?

📖 游戏提示

这道算式不正确是从数学角度去考虑的。仔细观察插图中所给的液晶数字,如果能从原有的数学思路中跳出,这道题就简单了。正确的思路应该从数字形态上去想。

47 爬梯大赛

难度：★
时间：1mins

昆蒂、昆娜两人进行爬楼梯比赛,昆蒂的速度是昆娜的两倍。当昆蒂爬到第9层时,昆娜爬到第几层?

📖 游戏提示

无论爬到哪一层,第一层始终都是不用爬的。

48 相争同一题

难度：★★★
时间：4mins

办公室里，坐着两位数学老师，她们在看同一个题目，并为此争论不休。其中一个说："这个等式是正确的。""不，这完全是错误的。"另一个说。那么，这两名老师究竟看的是一个什么式子呢？

📖 游戏提示

注意这两名老师各自所处的角度。

$9 \times 9 = 81$　$91 \times 9 = 819$　$911 \times 9 = 8199$

$9111 \times 9 = 81999$　$99 \times 99 = 9801$

$999 \times 999 = 988001$　$9111111111 \times 9 = \cdots\cdots$

49 辨别真假

难度：★★★
时间：3mins

春天来临，窗前的花丛引来了许多勤劳的园丁——小蜜蜂。这时，尼尔的妹妹拿出两朵看起来一模一样的花，让尼尔猜哪一朵是真花，哪一朵是假花。妹妹还要求尼尔只能远远地看，不能用手去摸，更不能去闻。

倘若你是尼尔，你该怎么办？

📖 游戏提示

可以利用窗前的蜜蜂来想办法。

50 区分鸡蛋

难度：★★★★★
时间：2mins

妈妈用两个篮子分别装着生鸡蛋和熟鸡蛋，可淘气的蓓姬趁妈妈不注意时将两个篮子里的鸡蛋混在了一起。这些鸡蛋从外观上瞧不出有什么差别，打开吧，又容易把生鸡蛋弄坏了。你能想出什么办法，在不打开鸡蛋的情况下就把生鸡蛋和熟鸡蛋区分开吗？

📖 游戏提示

在做题之前，我们需要明白，煮熟的蛋黄与蛋清是一个整体。

答　案

第5章　50道创新思维游戏

1. 假设3张饼分别为1、2、3,烤饼的具体步骤为:先将1和2两张饼各烤一分钟,然后把1饼翻过来,取下2饼,换成3饼;一分钟后,取下1饼,将2饼没有烤过的一面贴在烤锅上,同时将3饼翻过来烤。

2. 让这两只瓶子浮在水面上,将油倒来倒去,直到这两只瓶子浮在水面上的高度相等时,这些油就被均分了。

3. 因COCK的英文意思是"公鸡"所以,只需从字母"D"上移动一根到字母"U"上将其变为单词"COCK"就行。

4. 因为他要举起的是他自己。

5. 因为在第8页之前有7页,所以在第21页之后肯定有7页。报纸总共有28页。

6. 这是关于直线、交点和可能构造的约束的另一个问题。n条直线最多可能有n(n-1)/2个交点。也可以有更少的交点,最少有(n-1)个,即只有一条直线不与其他任何直线平行。

7.

8. 如图。

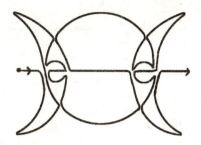

9. 需蘸 22 次墨水,因为 10、11、12、13、14、15、这几个数字都是由两个数字符号组成的,这几个数字中的每个数都必须蘸两次。

10. 根本不需要从像迷宫一样的城中去穿行,直接沿城的外墙去解救就行了。

11. 数字 6 的罗马写法为 SIX,而"S"恰好只需一笔,所以答案就是"SIX"。

12. 他并没有把绳子拴到树上,题目中只是说牛的脖子被拴住了,所以牛仍然可以拖着绳子去吃麦苗。

13. 往杯里面加几滴水,看水滴是否和上层的液体混合在一起,能混合的即为水。

14.

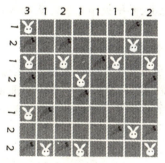

15. 在天平两端各放两个小球,次品的那端肯定重。然后,在天平两端各拿走一个小球。如果这时天平是平衡的,那么刚才重的那端拿走的小球是次品;如果天平还是不平衡,那么现在在天平上重的那端的小球就是次品。

16. 艾比知道牛奶的价格,他放在柜台上的 1 元钱是零钱,一张 5 毛的,两张 2 毛的,一张 1 毛的。如果要买纯牛奶的话,艾比就不会把那 1 毛钱放在柜台上。

17. "越洋"号船顺水而下的速度为船速加上水流的速度。浮物的速度即水流的速度,所以"越洋"号船与浮物的速度差为船速。已知 2 分钟后,"越洋"号船与浮物相距 1 公里,由此可知,船速 $= 1/(2/60) = 30$(公里/小时),"超越"号船逆水而上的速度为船速减去水流的速度,"超越"号船和浮物相向而行,速度之和为船速,因此,相遇时间 $= 90/30 = 3$(小时)。

18. 增加 7 根火柴。如图

19. 工匠师只要在水平一排的两端各偷走一颗钻石,再把最底下的一颗钻石移到顶上,就可以蒙骗住愚昧的帕姬太太。

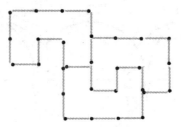

20. 横着切一刀,竖着切一刀,再水平切一刀,这一刀就把西瓜切成了 8 块,再在靠近西瓜中心的位置再斜切一刀,在 8 块中,这一刀可以切成 7 块,这样就成了 15 块。

21. 从 6 个瓶子里分别取出 11、17、20、22、23 和 24 粒木糖来,然后放在一起称一次,就可以知道问题出在哪几瓶里。比如:称之后超重 53 毫克,而这 6 个数字能构成 53 的组合只有一种。即:11 + 20 + 22。因此,问题就出在第 1 瓶、第 3 瓶和第 4 瓶。

22. 往瓶里放大小不同的玻璃球,使液面升到 10 升的刻度处,然后往外倒至 5 升刻度处。

23. 你只需通过看这座断桥就把它接起来。你所要做的只是以一定距离斜视这幅图。

24. 将数字"74"变为"7 + 1",于是等式成为了 7 + 1 - 4 = 4。

25. 可以用 5 个风轮连成一个圈。

26. 用大头针穿过火柴,并把火柴固定在软木塞上。把火柴放到水里后,火柴就不会湿。然后,把烧杯倒扣在软木塞上,并把火柴点燃。火柴燃烧时把氧气耗光,水就会进入烧杯。

27. 无法确定。没有告诉我们全程是多少公里。

28. 当然不是。文森从袋子里拿出一个乒乓球之后,立刻藏在身后。佛能肯定要求文森把它亮出来,而此时文森就说:"只要你看看袋子里面留下的是什么颜色的乒乓球,就知道我拿的是什么颜色的乒乓球。"佛能当然会无话可说。

29. 如图。

30. 因为圆很大,所以它和正方形隧道间有很大的空隙。如果躲在这空隙里就不会被压到。

31. 只要把图颠倒过来就行了。

32. 你只要把客人移到号码是其现在居住的房间号码的两倍的房间里就行了。1 号房里住的客人移到 2 号房,2 号房里的客人到 4 号房,3 号房时的客人到 6 号房,依次类推。最后,所有奇数号的房间都空了出来,就能安置所有新来的客人了。

33. 从 3 和 4 ~ 9 和 10 之间裂开的。

34. 盯着蓝色的骑士看一会儿,然后看右边灰色的区域。你会看到反色的余像——白色骑士骑在红马上。

35. 他应该先放空枪。他如果先射击"枪神",打中的话,"枪怪"就会在2枪之内把他打死;如果先射击"枪怪",射中的话,枪神会一枪就要了他的命。如果先射"枪怪"而未中,"枪神"就会先射"枪怪",然后对付莱特。假如射中了"枪神","枪怪"赢莱特的几率是6/7,而莱特赢的几率是1/7。假如先放空枪,莱特下一步要对付的就是其中一个人了。如果"枪怪"活着,莱特赢的几率是3/7。如果"枪怪"没打中"枪神","枪神"就会一枪打中他,此时莱特的胜算是1/3。莱特先放空枪,他的胜算会提高到约40%,而"枪神"、"枪怪"的胜算是22%、38%。

36. 既然是一个洞,怎么会有土? 所以,洞里没有土。

37. 不可能。按照统计规律,全部妇女所生的头胎中男女比例各占一半。如果母亲生了男孩就不能再生孩子,而生女孩的母亲仍然可以生第二胎,比例是男女各占一半。生男孩的母亲退出生育队伍,生女孩的仍然可以生第三胎。在每一轮比例中,男女的比例都各占一半。因此,将各轮生育的结果相加起来,男女比例始终相等。当女孩们成长起来成为新的母亲时,上面的结论同样适用。

38. "牌"与"π"谐音,且扑克牌中唯有"K"与"π"最相似,π即圆周率3.1415926……一般取3.14计算。数字家用π的数值提醒人们,罪犯是住在这间酒店314号房间的人。

39. 狡猾的商人在这个普通的瓷瓶里装了一些与瓷瓶相同材质的碎片,所以当富翁打碎了瓷瓶后,不可能从一堆碎片中发现他的骗人伎俩。

40. 原来瑟妮的妈妈是一家餐厅的厨师,她做的菜越是好吃,客人就会越多,自然妈妈也会越忙碌,而没有时间回家给瑟妮准备美食了。

41.
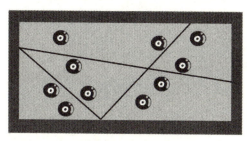

42. 可以加热氧气瓶,使里面的压力升高,氧气就能继续输出。当然,这只是应急之法,因为这样得到的只是剩余的一点点氧气。

43. 将软木塞往瓶内推。

44. 面对面站着。这样当然也是一个脸朝东,一个脸朝西。

45. 可以用沙子慢慢地把洞灌满,这样小鸟就会随着沙子的增多而往洞口外走。

46. 把数字当成图形来看,从8去掉6就剩下1,从9去掉5就剩下1。

47. 第5层。如果同时从1楼开始,昆蒂到第9层时实际是跑了8层,而昆娜是跑了4层,到了第5层。

121

48. 这个等式是 $9 \times 9 = 81$。但从不同的方向看就会看出不同的答案,另一个老师看的就是 $18 = 6 \times 6$。另外,也可能是 $91 \times 9 = 819$,$911 \times 9 = 8199$,$99 \times 99 = 9801$,$999 \times 999 = 998001$……这些式子,另一个老师看起来等式就不成立了。

49. 打开窗户,让蜜蜂飞到房间里来。蜜蜂只采真花。

50. 旋转鸡蛋,容易转起来的是熟的,而很难旋转的是生的。因为煮熟的鸡蛋蛋白和蛋黄是一个整体,容易转动。而生鸡蛋的蛋黄和蛋清是液体,所以转起来比较困难。

第六章 50道观察思维游戏

1 动起手来

难度：★★★
时间：2mins

雪苟其把铁丝绷直，然后用螺丝钉将两端固定住，悬空，再用蜡烛在铁丝中间加热。过了一会儿，他发现铁丝发生了弯曲。请问，你知道这是为什么吗？

游戏提示

这跟铁丝本身的性质有很大的关系，铁丝加热后，会延长。

2 倾斜感应

难度：★★
时间：1mins

和左图一样在纸上用直尺和笔画线条，然后仔细观察，发现竖直的线条是倾斜的。可是刚才自己明明是用直尺对着画的，这空间是怎么回事呢？

游戏提示

这得引用著名的倾斜感应来解释。

3 纸为什么变黄了

难度：★★★
时间：3mins

看看你周围的书和报纸，如果时间长了，它就会变黄，一旦放在阳光下就更加明显了。但你知道这是为什么吗？

游戏提示

这是因为纸张里的一种物质与空气中的一种成分产生了化学反应。

4 带电的糖

难度：★★★★
时间：5mins

你见过带电的糖吗？很稀奇哦！快来看看吧！

1. 关掉房间的灯,拉上窗帘,让眼睛适应黑暗。

2. 取两块方糖,像擦火柴一样迅速摩擦两块方糖,或用一块敲击另一块。两块方糖碰撞的时候,你能看到微弱的光芒。

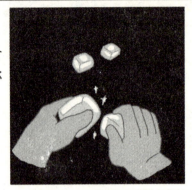

📢 游戏提示

有些固体介质受到挤压时,会产生极化现象。

5 往下飘的烟

难度：★★★
时间：2mins

在这个世界上,无论是厨房还是工厂,排出的白烟,都是向上飘去的。往下飘的烟,你一定是没见过的,那就快来做一做!

1. 在鞋盒的盖上剪两个比玻璃罩直径略小的洞。

2. 将两个灯罩分别扣在刚剪开的小洞上方。蜡烛放在鞋盒中的其中一个玻璃罩的正下方。

3. 点燃蜡烛,盖上盒盖,千万注意别让蜡烛把纸盒给烧着了。

4. 用火柴把牛皮纸点燃,把冒着烟的牛皮纸拿到右边灯罩的上方。很快,你就看到烟往下飘——燃着的牛皮纸冒出的烟从这个玻璃罩进入盒内,又从另一个灯罩中重新飘了出来。

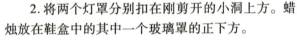 游戏提示

结合实验的原理,就可得知牛皮纸冒出的烟被吸了进去。

6 祖母的遗物

难度：★★★
时间：6mins

迪丽雅从小就是在祖母身边长大的,前不久,祖母的去世对她的打击很大。祖母临终前,给迪丽雅留下了一面非常古老的时钟。迪丽雅把它当做贴身宝物一样看待。一天,迪丽雅发现这面老钟,每小时慢4分钟,她3点以前才和一只走得很准的时钟对

过时,现在这只时钟正好指在 12 点。请问:这面古老的时钟还需走多少分钟才能指在 12 点? 为什么?

📖 **游戏提示**

算时间的时候不要忘记加上 4。

7 快乐星球

难度:★★★★
时间:4mins

因为人类,所以地球是宇宙里最快乐的星球。上地理课时,我们认识到地球是椭圆的概念。那么,地球为什么是椭圆的呢?

📖 **游戏提示**

当物体处于快速旋转的过程中时,都会发生一种现象。

8 泡温泉的时间

难度:★★★★
时间:5mins

达娜是一位年薪超过百万的金领,虽然她的工作比较忙,但她却是一位非常懂得享受的女人。在不接见客户的情况下,她每天会在 5 点钟的时候准时下班。然后,在 6 点多一点的时候去自家的温泉里泡一泡。这时,分针和时针为 110°角,在不到 7 点时从温泉出来做饭。此时,分针和时针刚好又成 110°角。

请问:达娜每次泡温泉所花费的时间是多久?

📖 **游戏提示**

根据题意,达娜从温泉出来时,分针共比时针多走了 110° + 110° = 220°,相当于 220 ÷ 30 = 22/3(大格)。

9 烧不坏的手巾

难度:★★★
时间:4mins

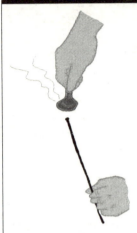

我们知道手巾是用布做成的,只要它一旦碰着了火,就会被烧坏。可是在这里,却有一个办法可以使手巾不被烧坏。你知道是什么办法吗?

1.用手巾把硬币紧紧地包起。

2.点燃香,使其接触包裹着硬币的手巾位置,发现手巾没有烧着。

3.将硬币取出,直接用香接触手巾,发现手巾被烧着。

 游戏提示

这是采用转移热量的原理来完成的。

10 首富家的锁

难度:★★★★
时间:3mins

捷尔特是这座城市最有钱的人,也是全国的首富。以他的财富,可以说是无事不能。但这次捷尔特的麻烦来了,他家的防盗锁出现问题了。钥匙插进去了,却打不开门。锁栓的高度因销的插入部分而不同,看起来这是一把有5道保险的坚固的锁。可为什么把钥匙插进去了,却打不开锁呢?

 游戏提示

奇怪之处在于它锁住的方式与其他的锁不同。

11 青蛙真"牛"

难度:★★
时间:3mins

夏天的时候,在农村随处都能听到青蛙的叫声。它们经常在水里钻来钻去,为什么不会被淹死呢? 难道是它们有特异功能吗?

游戏提示

朝青蛙呼吸的生理特性上去思考。

12 小方格中相同的图案

难度:★★
时间:3mins

下图是由 20 个小方格拼成,方格中相同的图案是哪几格?

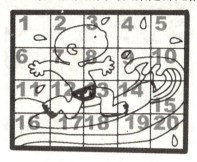

📖 **游戏提示**

可以将小方格的方向适当旋转再来看。

13 自动熄灭的蜡

难度:★★★★
时间:4mins

　　我们现在来做一个实验。让杯中燃烧的蜡烛,在没有风、蜡也没有燃尽的情况下,能自然熄灭。你知道是什么原因吗?

　　1.用火点燃蜡烛,然后把蜡烛放在深底杯的杯底。

　　2.过一段时间,发现蜡烛自然熄灭了。

　　3.放倒杯子,取出蜡烛,向杯中吹一口气,再次立起杯子,放入点燃的短蜡烛。

　　4.从冰箱中取出干冰,用毛巾裹好,然后放在硬物上砸碎。把碎的干冰放入杯中,过一会儿蜡烛就熄灭了。

📖 **游戏提示**

蜡烛的燃烧得借助氧气,在没有氧的情况下就会熄灭。

14 蓝色的点

难度:★★★★
时间:2mins

　　当你看下面排列好的蓝色正方形时,你会看到在它们间隔的相交处有蓝色的点。但当你仔细看时,你又会发现有一处并没有蓝色的点。你知道是哪一处吗?

📖 **游戏提示**

仔细盯住一个蓝色的点细看就知道了。

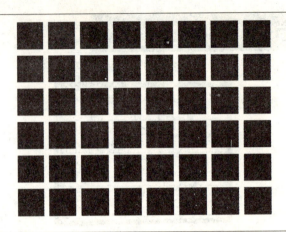

15 盐水泡过的苹果

难度:★★★
时间:3mins

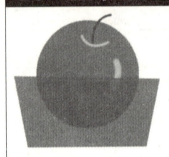

吃苹果的时候,会发现,苹果过一会儿就变色了,难道是被空气污染了吗? 可是,用盐水浸泡过的苹果却在短期内不会改变颜色。这是为什么呢?

游戏提示

苹果去皮后,里面的某些物质会受到损坏。

16 时尚地板砖

难度:★★★
时间:3mins

乔其斯家最近搞装修,妈妈为了让房子变得更漂亮,决定买一种最新流行的地板砖。在著名的家居公司,乔其斯他们看到一种活动地板砖。为了试试视觉效果,他们用五连体六边形地板拼出了左面的图形,还在每个五连体六边形之间用粗线分隔。你能说出上图左边所列的 4 个五连体六边形中,哪一个没有被用上吗?

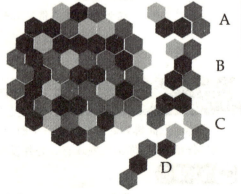

游戏提示

将右边的 4 个图形分别放入左边的图形中。

17 小鸡吃沙

难度：★★

时间：2mins

妈妈喂小鸡的时候，小杰里发现小鸡吃完米后总会再去啄一点沙子吃。杰里在想，难道小鸡没吃饱吗？怎么连沙子都吃呢？于是，小杰里又抓了一把米给小鸡吃，过了一段时间，小鸡还是照旧吃沙。你能告诉杰里是怎么回事吗？

📖 游戏提示

鸡吃沙子是因为它缺少某一种器官。

18 发光的萤火虫

难度：★★★★

时间：5mins

夏天的晚上，弗基和伙伴们去葡萄园玩，却经常看到一闪一闪的萤火虫在周围飞来飞去。弗基在想，萤火虫为什么会发光呢？

📖 游戏提示

这与萤火虫的身体构造有关。

19 "变脸"的虾

难度：★★★★

时间：4mins

虾肉鲜美，是很多小朋友的最爱，可是有一个问题一直困扰着娜安。一天，她终于忍不住问老师:虾煮熟了以后就成了红色的,这是为什么?

游戏提示

这是因为虾壳中某种物质遭到了破坏。

20 豆腐上的孔

难度:★★★
时间:4mins

炎热的夏天若是吃上一盘冻豆腐,是非常爽的一件事。可是,你若仔细观察,就发现冻豆腐上面有许多密密麻麻的小孔。这是为什么呢?

游戏提示

小孔的形式与水和温度有关。

21 金鱼冒泡

难度:★★★★
时间:3mins

彼特看着家里一缸金鱼在水草间游来游去,他寻思金鱼为什么老是在冒泡呢?难道水也会吐泡泡吗?

游戏提示

鱼缸里面有一种东西像人一样需要呼吸。

22 弟弟说对了吗

难度:★★
时间:2mins

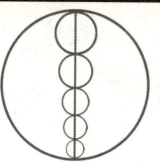

哥哥画了一个大圆,大圆里又画了许多小圆,小圆的圆心都在大圆的直径上。他问弟弟到底是大圆的周长长,还是小圆的圆周之和长。弟弟说一样长。那么,弟弟说的对吗?

📢 游戏提示

可从大圆与小圆的直径角度去思考。

23 神奇的圆盘

难度:★★★
时间:2mins

上小学的茜苛今天有了一个很意外的收获,那就是当一个黑白的圆盘在加速转动后,她竟然看到了红色和蓝色。难道是茜苛眼花了吗? 还是有其他原因呢?

📢 游戏提示

将颜色与眼睛的特色综合起来考虑。

24 错位魔术

难度:★★★
时间:3mins

请仔细观看下图,女孩的眼睛错位了吗?

📢 游戏提示

人的视觉会受到环境的影响。

25 绮莉的图

难度：★★
时间：2mins

下面是绮莉画的图片。请你仔细观察，看看图中的绳子一共连着几个方环、几个圆环、几个三角环？

游戏提示

关键是找到绳索与挂件的交接点，还可以根据绳子颜色的深浅变化来找。

26 零度观察

难度：★★★★
时间：4mins

贝丝想要将下图填完整，你说她必须插入 A、B、C、D 中的哪一个图形？

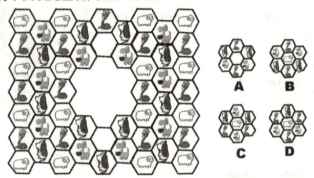

游戏提示

在找出它们的排放规律之前，请注意图中还有两块空白的小方格。

27 相同的图形

难度：★
时间：1mins

请从右边 4 个图形中挑选出与左边相同的图形。

游戏提示

左边图中有 1 个三角形、3 个白色的圆，还有 1 个黑色的圆。

28　大家来找茬

难度：★★★★
时间：5mins

如图所示,图中有5块形状、面积完全相同的部分,你能够找出来吗?

📖 游戏提示

只要抓住面积完全相同这个重要的条件就可以了。

29　碎片

难度：★★★
时间：4mins

高山的一座寺塔,因长年累月,没有进行修理,变得残破不堪。而塔上恰巧有两块碎片的形状是一模一样的,请你把它们找出来。

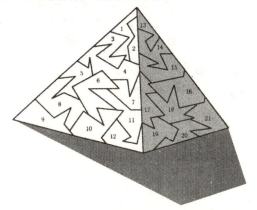

📖 游戏提示

此题考察观察的灵敏度及记忆能力、分析能力。

30　一起来找茬

难度:★★★★
时间:5mins

多琳告诉多拉,右面两幅图虽然整体上看起来完全相同,其实还有几处细微的区别。多拉只看了一眼,就找出来了。请问,你知道这几处细微的区别在哪里吗?

👉 游戏提示

既然是细微的区别,那就得朝细微的地方去找。

31　神秘的脚印

难度:★★★
时间:3mins

你能说出是什么物体在沙地上留下这些脚印的吗?

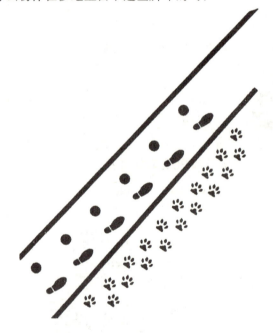

👉 游戏提示

这当然不是一个物体所留下的脚印。

32　水彩画

难度：★★★★
时间：6mins

可妮莉雅用水彩绘出一幅非常漂亮的画。当她把画交给昆娜老师时，昆娜老师给予的评论是色彩非常好，一景一物表现丰富，但表现的内容错误。我们看一看，究竟错在哪里？

游戏提示

当你找到这幅画涉及的内容时，你就会发现存在的问题是什么。

33　磨破的刺绣图

难度：★★★
时间：4mins

波比的一幅刺绣被磨破了一块，珀莉刚好有4小块刺绣，其中有1小块刚好可以补上。请你从ABCD4个图形找出正确的一块，使波比的刺绣变完整。

游戏提示

图形是朝水平方向和垂直方向每次走四步。

34 视图游戏

难度:★★★
时间:4mins

请快来帮帮莉娃! 看看下面图形中,哪一幅不是同一个箱子三个面的视图?

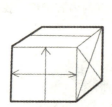 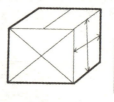

🔊 游戏提示

看看有箭头的一面与另一面存在的关系。

35 罩不了

难度:★★★★
时间:4mins

鲁比把一盏罩了一个伞状罩子的照明灯,如图一样固定在墙壁上。请问,墙壁的哪些部分无法被光照到?

🔊 游戏提示

拿出你的工具,根据光线的直射原理,在图上画几条线,就可以找到照不到的区域了。

36 72变

难度:★★
时间:2mins

请你仔细观察,看看图中有多少个三角形?

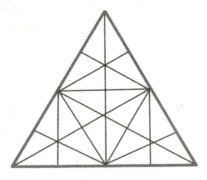

三角形的"品种"繁多,千万不要忘记了算钝角三角形一份哦。

37 缺一块

难度:★★★
时间:3mins

菲比将娜米的一把三角尺摔碎了,现在一块已经找到了,可另一块却不知道是 ABCDE 中的哪一块,赶快来找一找。

📖 游戏提示

一把完整的尺子被摔成两块,找另一块的秘诀就是找出凹凸处使它结合起来。

38 动物们排队

难度:★★★
时间:4mins

训养员正在对动物们进行排队训练。如果按照下面的排法,问号处排的应该是哪种动物?

📖 游戏提示

将前面6种动物视为一组,找出它们的规律。

39 变形记

难度：★★★★
时间：4mins

A 与 B 之间的变化，类同于从 C 到哪一项的变化？

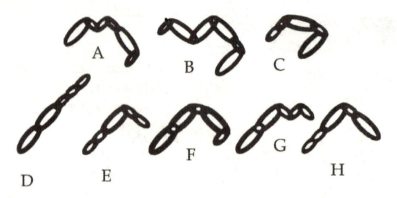

📖 游戏提示

小的部分变大，大的部分变小。

40 盒子里的物品

难度：★★★
时间：3mins

仔细观察下图，若想使天平保持平衡，右边的盒子里应放入多重的物品？注意：标尺上所划分的部分是相等的，每个盒子的重量是从盒子下方的中点开始计算的。

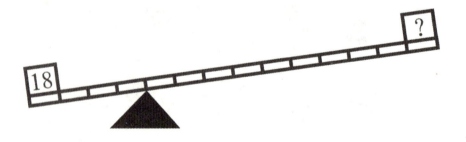

📖 游戏提示

请注意，解题的重要线索是题中所给的提示，所以千万不能忽略它。

41 拼图游戏

难度：★★
时间：3mins

你能完成这件小 Case 吗？从 A、B、C、D、E 中挑出一个图形,将它与左图拼起来。

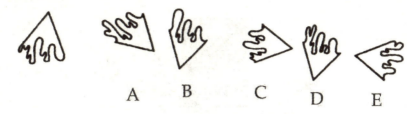

A　B　C　D　E

📖 游戏提示

对原图凸出和凹进去的部分与所给的答案进行综合对比,就可得出答案。

42 空间观察力

难度：★★
时间：2mins

如果你选到 3 个"正确的"区块,然后再遮住其余的,你将会看到一个原本不存在的图像。

📖 游戏提示

这个原本不存在的图形是一个虚拟的几何图形。

43 出包的箭

难度：★★
时间：2mins

下面是一捆出包的箭，请你将图中箭尾和箭头能相配的图形找出来。

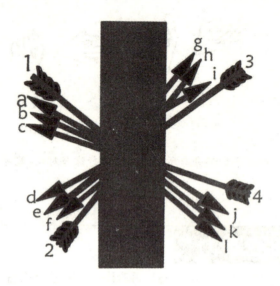

🖙 游戏提示

这个谜题用到了一个有名的视觉幻象。

44 观察季节

难度：★★★★
时间：10mins

大卫的房间里贴着两幅画，如下图。这两幅画画的是相同的时间的同一个地方，只是里面表示的季节不同。你知道哪幅画表示的是冬天，哪幅画表示的是夏天吗？

🖙 游戏提示

夏天每到中午，太阳已经到了头顶，所以能透进窗子的阳光比较少。

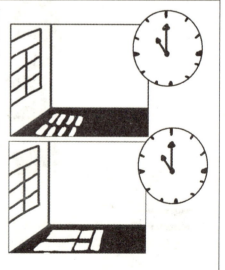

45 秀拼图

难度：★★★
时间：5mins

这幅拼图由 169 个小正方形组成。请你想办法,将它一分为三,以便重新拼合成一个完整的正方形。需要注意的是,应当沿小正方形的直线来剪开。此外,由于材料两面的性质不同,因此不能把某块翻到反面去,图案的倒顺、间隔,都应照原样准确配合。

📖 游戏提示

或许将拼图剪成 3 块之后再拼合,可以给你带来帮助。

46 串在一起吗

难度：★★
时间：2mins

如何把下图中的纸带分开而不剪断它们?

📖 游戏提示

盯住一条纸,仔细观察它与另一纸条交叉时的前后关系。

47 剪圈

难度：★★★
时间：6mins

下图的 4 个圈中,只要将其中的 1 个圈剪开,其他的 3 个圈就会全部分开。想一下,看看剪哪个才会使其余的 3 个圈全部分开呢?

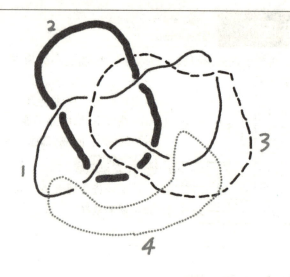

找出与其他3个圈相交的圈就行。

---

48 健忘症

难度：★★★
时间：5mins

凯伦是一个典型的健忘症患者,他刚刚将自己扮演绅士的道具遗留在屋子的前后,现在又在四处寻找,你能在住宅前后帮他找到吗?

凯伦的道具主要是:胸花、拐杖、靴子、帽子、领节,请在屋子前后的图案上找出这些相同的图案。

49 窗外与铁门

难度：★★★
时间：8mins

瞧瞧3幅窗外照片中，哪一幅是右面铁门里的一扇窗户？

📣 游戏提示

注意图中右下角的铁栅栏。

50 Lillian 的单词表

难度：★★★★★
时间：4mins

这是老师给 Lillian 的一张字母表，方阵里藏了一个神秘的单词，你能发现它吗？

📣 游戏提示

数一数各个字母出现的次数，这其中有不少规律。

答 案

第6章 50道观察思维游戏

1. 因为我们已经把铁丝两端都固定,而铁丝受热后发生了延长,所以它无法伸,只能发生弯曲。据有关研究人员发现,如果把铁丝设法降低到很低的温度,会发生收缩,而如果两边又固定住,收缩超过一定的限度,就有可能发生断裂。

2. 这是著名的倾斜感应。尽管竖直的线条看起来有点朝外倾斜,但它确实没有倾斜。倾斜会引起我们方向感的错觉,使倾斜的效果变得更强烈。

3. 书是用木材做成的,需要经过若干工序把水分挤干,才能得到新鲜的纸张,木材中的纤维素也就移到纸张里。新纸之所以有韧性,完全是依靠纤维素的支持。不过纸张一旦生产出来以后,空气中的氧气就会和纸里的纤维素慢慢发生化学反应,纸也就变成黄颜色。因此,光线也是纸张的一大敌人,它会和纸张里的纤维起光化学作用。日子一久,纸张就变黄、变脆。

4. 这是关于压电现象的游戏。自然界中有些固体介质当被挤压、拉长时,晶体会产生极化,在相对的两面上产生异号束缚电荷。糖的晶体就有这种特性。在糖分子中都存有化学能,敲击两块方糖,压力的作用能将化学能转化为光能,因而就能够看到光亮。

5. 原来,蜡烛点燃以后把它上面的空气加热,使得这些空气上长并从灯罩里升出来。但是,燃烧的蜡烛必须得到空气的补充,所以空气就只能从另一个灯罩的入口处进入。空气进入灯罩的力量是足以把牛皮纸冒出的烟吸进去的,所以,我们就看到了烟往下冒的“反常”现象。

6. 36分钟。如果目前是12点,则已经过了 9×60 分钟。所以还需36分钟。

7. 当物体处于快速旋转过程中时,所有的物体都会发生这种现象:中部被向外拉,两端则稍稍往里缩。旋转的地球正是这样,它由于受离心力的影响,所以从中心向外凸出,形成了近似椭圆的形状。

8. $(22/3) \div (1 - 1/12) = 8$(大格), $8 \times 5 = 40$ 分钟。即达娜泡温泉用去了40分钟。

9. 包裹着硬币的手巾受热时,部分热量会传导到硬币里,将燃点的热量分散了,因此不容易烧起来。而没有包裹着硬币的手巾,热量没法传送,因此容易燃烧。

10. 这把锁的设计在于如果你把钥匙拔出来,锁栓就变成了一条直线,那样你不用钥匙就可以开门了。事实上,只有你把钥匙插进去才能把门锁住。

11. 青蛙是用肺呼吸的,但是肺泡不多,只靠肺泡呼吸不能满足身体的需要,还要靠皮肤呼吸。青蛙的皮肤里布满了丰富的毛细血管,能直接同外界进行气体交换,进行辅助呼吸。在水底的青蛙,不能用鼻孔呼吸,但可以用皮肤呼吸,维持生命,不会被憋死。

12. 1、4、5。

13. 蜡烛燃烧需要氧气,而二氧化碳能使蜡烛熄灭。蜡烛第一次熄灭是因为蜡烛燃烧产生了二氧化碳,二氧化碳密度比空气大,沉了杯底,逐渐漫过了火焰,使火焰与空气隔绝。因氧气供给不足,蜡烛就熄灭了。第二次熄灭是因为干冰就是固态的二氧化碳,处在常温下,干冰受热升华,变成二氧化碳气体,慢慢地二氧化碳充满杯子下半部。于是,蜡烛就熄灭了。

14. 就是你盯着看的那一处。粗略地看这幅图时,你会交叉看到由许多因为错觉产生的蓝点这种余像效果。一旦当你想仔细看蓝点时,一个新的视像就会进入你的视野的中央,抹去原来的余像效果——蓝点。

15. 苹果去皮以后,里面的茶酚、氧化酶、过氧化氢酶等物质,与空气中的氧气接触会发生酶促褐色反应,形成一种褐色的物质。所以,苹果在空气中放置一段时间表面会变颜色,而盐水能使上述酶类变性,从而阻止或减缓这种变化的发生。所以,用盐水浸泡过的苹果因为酶类失去活性在短时间内不会改变颜色。

16. B。

17. 鸡之所以喜欢吃沙子,是因为它没有牙齿。吃进去的食物不经过牙齿磨碎而直接进入体内,很难被消化。这时,被鸡吃进胃里的沙子就可以发挥作用了,它们能帮助胃磨碎食物,磨碎后的食物很容易被消化和吸收。

18. 萤火虫的发光器位于腹部,从外表看只是一层银灰色的透明薄膜。这个发光器由发光层、透明层和反射层三部分组成。发光层拥有几千个发光细胞,它们都含有荧光素和荧光酶两种物质。在荧光酶的作用下,荧光素在细胞内水分的作用下,与呼吸进来的氧气发生氧化反应,发出荧光。萤火虫的发光,实质上是把化学能转变成光能的过程。由于萤火虫有着不同的呼吸节律,便会形成一闪一闪的"闪光灯"。

19. 原来虾的外壳中含有很多色素,色素中大多数都是青黑色的,所以活虾看起来都是青黑色的。一旦把虾放在锅里煮过之后,大多数的色素都被高温破坏掉了,只剩下不怕高温的红色素。因此,是煮过之后就变成红色了。

20. 豆腐的内部有无数小孔,这些小孔大小不一,有的互相连通,有的闭合成一个个小"容器"。这些小孔里面都充满了水分。我们知道,水有一种奇异的特性:在4℃时,它的密度最大,体积最小。到0℃时,结成了冰,它的体积不是缩小而是胀大了,比常温时水的体积要大10%左右。当豆腐的温度降到0℃以下时,里面的水分结成冰,原来的小孔便被冰撑大了,整块豆腐就被挤压成网状。等到冰融化成水从豆腐里跑掉以后,就留下了数不清的孔洞,使豆腐变得像泡沫塑料一样。冻豆腐经过烹调,这些孔洞里都灌进了汤汁,吃起来不但富有弹性,而且味道也格外鲜美可口。

21. 无论是小河里的水草,还是家中鱼缸里的水草,它们总是时常地冒出些泡泡。原来,在阳光照射下,水草要进行光合作用,吸进二氧化碳和水,放出氧气。所以,我们看到的那些小泡泡,其实就是水草放出的氧气,不是水有问题。

22. 一样长,弟弟说对了。因为图中所有小圆相加的直径与大圆的直径相等,而周长等于圆周率与直径乘积的2倍,所以当大圆与所有小圆相加的直径相等时,它们的周长自然也相等。

23. 只看到红色和蓝色是因为我们的眼睛只能记住色谱中波长较短的蓝光和波长最长的红光,短的黑白光因为太弱而很难被记住,这样我们就仿佛看到蓝色和红色的。

24. 如果你用直尺测量一下,会发现这个人的眼睛并没有错位。

25. 绳子套着 3 个三角环,3 个圆环,1 个方块环。

26. A。

27. 第四幅

28.

29. 10 与 16 相同。

30. 有 3 处。胡子、脚趾、互握的前爪。

31. 一个人残缺了一条腿,拄着拐杖推着一辆两轮车,一只狗跟在他后面。

32. 这幅画表现的内容是夏天,可是在夏天没有雪人,而且在白天没有蝙蝠,猫也不会去捕蝴蝶,最后树叶和烟运动的方向也不同。

33. A。

34. 中间一幅。

35. 图中打"×"处,就是无法被光照到的地方。照在墙壁上的光线的明暗度有差异,差异大约可分成 5 种程度,亮度顺序由大而小是 1、2、3、4。如果灯罩的内侧不是可以折射的材质的话,4 的部分应该也无法照到。如图:

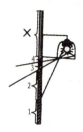

36. 74 个。

37. D。

38. 蜗牛。前 6 种动物为一组,不断重复,每次都把前组的第一个动物去掉,顺序就是:
123456234563456.

39. F。

40. 所需数值是 6,右边盒子在秤上显示的重量是 9 个单位,而左边则是 3 个单位。所以 $6 \times 9 = 54$ 与 $18 \times 3 = 54$ 可以使两边保持平衡。

41. C。

42. 6、8、13 构成了一个原本不存在的三角形。

43. 箭头 e 和箭尾 3 是配对的。

44. 上图是夏天,因为在夏天 11 点时,阳光正对着屋顶照射,从窗户里透进来的阳光比较少。下图是冬天。

45. 将拼图按图 1 粗线所示剪成 3 块,再如图 2 所示拼合。

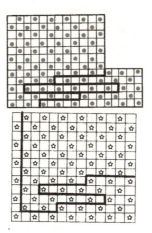

46. 如图。

47. 第 3 个。

48. 帽子在前门上方,领节在屋前花丛中,胸花在后门上方,拐杖在树上,靴子在后门墙上倒放着。

49. 2。

50. 如果你数一数各个字母出现的次数,就会发现字母"D"出现一次,"I"出现两次,"S"出现 3 次,"C"出现 4 次,"O"出现 5 次,"V"出现 6 次,"E"7 次,"R"8 次。按这个顺序排列字母,就能得到单词"DISOVER"(发现)。

第七章　50道辐射思维游戏

1 时尚型男

难度:★★
时间:4mins

盖尔位于时尚型男的前沿,为了保持自己散发男性魅力的身材,他经常做健身运动。最近,他决定接受好友的建议,修建家里正方形状的私人游泳池(如图所示),这个游泳池的4个角上栽了4棵树。现在,盖尔想把水池扩大,使它的面积增加一倍,但是必须保持正方形的外观,而且树的位置也不能动,你有什么好办法吗?

☞ 游戏提示

利用正方形与等边三角形的原理来考虑。

2 个性套杯

难度:★★★
时间:5mins

葛瑞丝的姑姑从中国带回两个特别有个性的杯子和一个水壶。水壶可以盛900毫升的水,其中的一个杯子能盛500毫升,另一个杯子能盛300毫升。现在,葛瑞丝的姑姑在想:应该怎样倒水,才能使每个杯子都恰好有100毫升?

注意:不允许使用别的容器,也不允许在杯子上做记号。

☞ 游戏提示

将水壶中的水倒掉,然后利用两个杯子能盛的水与水壶进行轮流分配。

3 破坏大王

难度:★★★
时间:6mins

埃拉是班上的"破坏大王",他的手就跟长了刺一般,什么东西只要经过他的手,都不能幸免。你看,老师怕同学们忘记日期,特地买了一本日历。她还交待班长看着埃拉,别让他把日历损坏了。可是,埃拉趁班长不注意的时候,连着撕了9张日历纸,这些日期数相加是54。请问:埃拉撕的第一张是几号? 最后一张是几号?

📖 游戏提示

根据连着的日期是每日增加 1 的, 可设第一张为 X, 再列算式求解。

4 排列箭头

难度: ★★★
时间: 3mins

在一个 8×8 的方阵中, 放入 64 个箭头, 使每行每列都包含上、下、左、右、左上、左下、右上、右下这 8 个方向的箭头。如果你觉得一个人玩比较枯燥的话, 那你可以找上一个伙伴, 并用不同颜色的笔来完成这个游戏。如果一个人在某行或者某列中有 5 个箭头, 就加上 1 分。到最后, 看谁的分数最多谁就赢。

📖 游戏提示

这个游戏的答案有很多种, 从最外面的行或列来确定箭头的方向要变得比较容易。

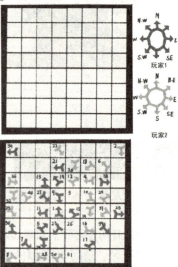

5 "挽救"材料纸

难度：★★
时间：3mins

爱尔莎在学习画画,最近,美术老师说她画画的技术有了很大的提高。一天,爱尔莎在纸上画了一个圆,可是不小心将蓝色的颜料滴在了画纸上,而且刚好滴成一个圆形。爱尔莎想在不用手和任何工具的情况下,让这页纸上的蓝色圆点"消失",但要保留红三角。注意,爱尔莎不想用纸遮住或者用涂改液涂掉它。

📖 游戏提示

既然不能用手,又不能借助任何工具,那就从眼睛来考虑吧!

6 遇挫的小鬼

难度：★★
时间：4mins

维达、大卫和丽莉3个小鬼的暑假作业还没有完成,可明天就要开学了,3个小家伙只好呆在家里做题目。可是,现在他们3个人碰到了一个棘手的问题:用四个"1"组成分别不同的四个数,使之一个比一个大;用三个"9"组成分别不同的四个数,使之一个比一个小。你可以帮帮他们吗?

📖 游戏提示

可以运用数学中的一些不同表示方式。

7 果园的路

难度：★★★
时间：2mins

秋天马上就要到了,果园里的农家们都忙了起来,准备收果子。脸上挂满了笑容,也难怪,今年的果树都压弯了腰,还能不笑吗? 农夫们正在打扫通往果园的道路,可是有一块大石头挡在了去果园的路上，怎么也搬不走，这大山里又叫不到吊车。眼看就要收果子了，这石头若不解决掉，这路可怎么通呢？正在这时，有人想出了一个好办法，解决了问题。

你能猜出他们用的是什么办法吗？

📖 **游戏提示**

不要将思维仅仅局限在如何搬动大石上。

8 苹果上的字

难度：★★★
时间：3mins

昨天，妈妈上街买苹果，居然看到苹果上"印"有很多吉祥字，这些字不是贴上去的，这到底是怎么做到的呢？

📖 **游戏提示**

这些字是在苹果成熟的过程中生成的。

9 绝妙的点子

难度：★★★
时间：3mins

在放学回家的路上，莉萨和婕米拾到了一袋大米。为平均分配这袋大米，她们争吵起来了，最后只好把这个问题交给牧师来处理。牧师给她们俩出了一个绝妙的点子，结果莉萨和婕米高高兴兴地均分了这堆大米。

聪明的伙计，你知道牧师的点子的绝妙之处吗？

📖 **游戏提示**

充分抓住人物的心理征来思考，分大米与挑大米进行合适的分工调配。

10 穿过自己的带子

难度：★★
时间：2mins

这条带子自己穿过自己,如图所示。你知道如果你沿着红线把它们剪开,会发生什么情况吗?

📧 **游戏提示**

先发挥空间想象力思考一下,也可以自己制作一条这样的纸带并剪开。

11 交叉的莫比乌斯带

难度：★★
时间：2mins

此图由两根闭合的环组成一根莫比乌斯带和一根普通的环。如果你沿着红线把它剪开,它会变成什么? 串在一起吗?

📧 **游戏提示**

注意两环交叉的位置,如果沿红线剪开后,这个交叉点将不复存在了。

12 钓冰

难度：★★★★
时间：5mins

多明尼非常喜欢透明的物体,对于晶莹剔透的冰块更是有着特殊的情结。但是,多明尼每次用手去抓冰块时,它却像泥鳅一样滑。可是,聪明的多明尼还是很有法子,他居然用一根很细的线将冰块钓了起来。你知道他是怎么把线放在冰块里的吗?

📧 **游戏提示**

使用一种物质将冰融化成小水窝。

13 女孩的软肋

难度:★★
时间:3mins

又到了上数学课的时间,数学是娜塔的软肋。每当她看到那些密密麻麻的数字时,头就疼得厉害。今天,数学老师出了一道题:从装满100克、浓度为80%的盐水杯中倒出40克盐水,再倒入清水将杯盛满,这样反复3次,杯中盐水的浓度是多少?你知道吗?

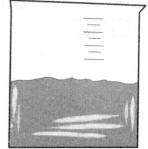

📖 游戏提示

先求出杯中的盐分减少的量,即可求出杯中加水后新的含盐量,依次计算3次。

14 谁先发现

难度:★★
时间:2mins

中午,三只小猴约好在树上荡秋千。正当它们玩得高兴的时候,只听"嘭!"的一声枪响,把它们都吓得"吱吱"乱叫,好一会儿才回过神来。大猴菲菲说:"我最先发现有人开枪,因为我最先看到枪口喷出的火花。"小猴费拉说:"我最先发现有人开枪,因为我最先听到枪声。"另一只猴子多多说:"我最先发现有人开枪,因为子弹是擦着我的耳朵飞过去。"那么,到底是谁最先发现有人开枪呢?小朋友,你来评评理吧。

📖 游戏提示

先了解自然界中,光和声音的传播速度。

15　昆尼尔抛硬币

难度：★★
时间：1mins

昆尼尔将一枚普通的硬币一共抛了 15 次，每次都是正面朝上。现在，昆尼尔想再抛一次，你知道正面朝上的几率是多少吗？

👉 游戏提示

千万不要让惯性思维把你带入了陷阱。

16　孩子的脚步

难度：★★★★
时间：4mins

同一个院落里的孩子们玩起了老鹰捉小鸡的游戏。卡米拉看到离自己只有 10 步远的吉洛怡在奔跑，便马上紧追。卡米拉的步子大，他跑 5 步的路程，吉洛怡要跑 9 步。但吉洛怡的动作快，卡米拉跑 2 步的时间，吉洛怡能跑 3 步。

请问：按照现在的速度，卡米拉能追上吉洛怡吗？如果能追上，他要跑多少路程才能追上吉洛怡？

👉 游戏提示

卡米拉每跑 5 步，就与吉洛怡的距离缩短 1.5 步。

17　分衣服

难度：★★★
时间：2mins

有两位盲人，他们都各买了两件红衣服和两件白衣服，衣服的布料、大小完全相同。两位盲人不小心将自己和对方的衣服混在一起。他们每人怎样才能取回红衣服和白衣服各两件呢？

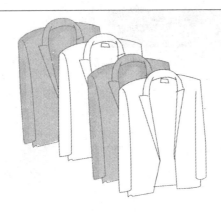

📖 **游戏提示**

想一想,当衣服吸收一定的热量时,会产生怎样的现象。

---

18 班里的男孩

难度:★★
时间:2mins

一个有20个男孩的班里,14个是蓝眼睛,12个是黑头发,11个过胖,7个太高。你能算出其中有多少个一定是蓝眼睛黑头发,而且既高又胖?

📖 **游戏提示**

此题要分两种情况来考虑,一种是最多的人数,另一种是最少的人数。

---

19 奇异之事

难度:★★
时间:2mins

有一天,一群绑匪绑架了"莱恩神特邦集团"的老总,并将这位老总一人关在地牢里。

地牢只有一处进口,而且地牢的进口及周围都有人进行彻夜防守,没有一点漏洞。可第二天一看,里面却多出一个男的。请问,你知道这个男的是怎么进去的吗?

📖 **游戏提示**

不要将思维固定在"老总"这两个字眼上,可以从"老总"这个人的身上去考虑。

20 不同水位的 u 型管

难度：★
时间：1mins

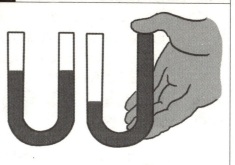

如图，把水倒入透明的 u 型管中。把你的大拇指放到 u 型管的一个开口上，然后小心地倾斜 u 型管，使其中的水碰到你的大拇指。然后，压紧大拇指，使管的这端密封。

当你重新把 u 型管直立起来后，水面还将保持与你的大拇指接触。水位不在同一水平面上，如图中画出的那样。你能解释为什么水位有不同吗？

👉 游戏提示

跟空气的压力有关。

21 谁的本领最高

难度：★★
时间：2mins

如图，一张只有 3 条腿的桌子上有 4 个瓶子，3 位神枪手聚在一起，欲比一比谁的本事大。他们打算用最少的子弹射倒 4 个瓶子，甲用了 3 枪就射倒 4 个瓶子。轮到乙了，他只用了 2 枪。神奇的是丙，他只用了一枪就将 4 个瓶子射倒了。当然，丙的本事最高，但你知道他是怎么射的吗？

👉 游戏提示

要注意已知条件：一张只有 3 条腿的桌子上有 4 个瓶子。

22 钓鱼

难度：★★
时间：2mins

汤姆是一位钓鱼能手，他每次都只用 10 条蚯蚓去钓鱼。这天，他用去 4 条蚯蚓钓到 2 条鱼。请问：当 10 条蚯蚓全部用完时，他能钓几条鱼？

👉 游戏提示

理清题意后，便能得知正确答案。

23 大腕家的门铃

难度：★★★
时间：5mins

爱尔莎是一名大腕,每天找她的人非常多。其实,有些人爱尔莎完全可以不用理会。可是,如果爱尔莎不接见他们的话,他们就用按门铃的方法对付她。于是,爱尔莎苦不堪言。一天,一位朋友帮她在大门前设计了一排6个按钮,来访者只要摁错了一个按钮,哪怕是和正确的同时摁,整个电铃系统将立即停止工作。

在大门的按钮旁边,贴有一张告示,上面写着:A 在 B 的左边;B 是 C 右边的第 3 个;C 在 D 的右边;D 紧靠着 E;E 和 A 中间隔一个按钮。请摁上面没有提到的那个按钮。

这6个按钮中,通门铃的按钮处于什么位置?

📖 游戏提示

如果用 F 表示通门铃,则6个按钮自左至右的位置依次是 D、E、C、A、F、B。

24 新式手法

难度：★★★
时间：3mins

得利达是团里最精明的小兵,在闲暇的时候,同事们最喜欢听他吹牛皮。一天,得利达对战友们说他可以将左手放入右边的裤兜里,而同时又将右手放入到左边的裤兜里。战友们听后,都说不相信,但是得利达却真的做到了。你知道他是怎么做到的吗?

📖 游戏提示

不要被假象所迷惑,重点不在于手该怎样放。

25 咖啡杯里的手机

难度：★★
时间：3mins

梅根不小心把自己的手机掉进装满咖啡的杯子里。他急忙伸手从杯子中取出手机。可奇怪的是梅根说自己的手指没有湿,而且连手机也没有湿。你说这可能吗?

📖 游戏提示

不要被常规思维所束缚。

26 柯思达效应

难度：★★
时间：2mins

当你把一把勺子贴近水流时，会发生什么情况？

📢 游戏提示

如果你了解柯恩达效应，就能不假思索地回答出这个问题，并解释其原因。

27 失踪的司机

难度：★★
时间：2mins

前不久，美女主播莉娃在无线电台播报了一起交通事故。报导说，由于桥梁崩塌，一辆卡车和12辆轿车被压。车辆严重受损，但司机却毫无损伤地逃出了驾驶室。当巡警赶到现场时，却不见任何一名轿车司机。当时，并没有轿车司机因此事件而以任何方式投诉。

请问，你知道这是怎么回事吗？

📢 游戏提示

如果轿车司机出事了的话，相信他一定会投诉的，所以并不见得有轿车司机。

28 放大的角度

难度：★
时间：1mins

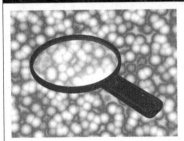

一个放大镜能把物体的每个维度放大 3 倍。你用它观察一个 15° 的角，看到的角应该有多大？

📖 游戏提示

这道题需要不假思索地答出来。

29 串冰糖葫芦

难度：★★
时间：2mins

如下图所示，一共有 9 颗冰糖葫芦，把 3 颗冰糖葫芦串成一串，可以串成 8 串。现在只需要移动 2 颗冰糖葫芦，就可以串成 10 串。但还是 3 颗冰糖葫芦串在一起。一共有几种串法？

📖 游戏提示

找张纸画下来试试，可以考虑移动两对边的冰糖葫芦，也可以考虑移动一条边上的。

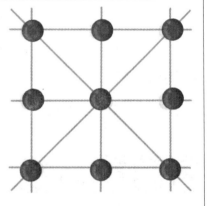

30 宝贝儿子的回答

难度：★
时间：2mins

哈姆走进妈妈的房间时，听到一声命令："不要进来，我的宝贝儿子。"哈姆立即回答："我的确是你的宝贝儿子，但你不是我的母亲。"

这到底是怎么回事呢？

📖 游戏提示

倘若用惯性思维来思考的话，相信难以找到答案。

31　巧手的瑞亚

难度：★★★★
时间：5mins

瑞亚的手非常巧，她做的一些小艺术品曾在市里举办的艺术品比赛中获过奖。下图是瑞亚用绳子做的几个设计图，她准备按照这几个形状来做发夹。下面的绳结中,绳子的两端用力拉,除一根外,其他三根都打不成结。请问哪一根绳子会打结?

A　　**B**　　**C**　　**D**

📧 游戏提示

仔细观察绳子的交叉位置。

32　滚动的小圆

难度：★
时间：1mins

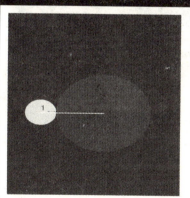

一个小圆沿着一个直径是它的3倍的大圆的圆周滚动。当它回到起点时,它转了几圈?

📧 游戏提示

旋转的概念是此题的一个思维陷阱:其实转一圈就是转360度罢了。

33　连通器的水位

难度：★
时间：1mins

几根形状不同的管子连接在一起,使液体能在其中随意流动。这组管子和左边的蓄水池相连。当蓄水池的阀门打开,水流出来后,你能说出各个管子中的水位情况吗?

📧 游戏提示

压强与管子的形状是无关的。

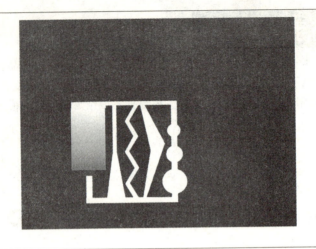

34 "怪胎"

难度：★
时间：1mins

班上新来的两名学生,长得一模一样,而且他俩的出生年月日及父母亲的名字也相同。但当同学们问他们是否是双胞胎时,他们却回答说:"不是。"这究竟是怎么回事呢?

📖 游戏提示

别中了惯性思维的圈套。

35 大力士举重

难度：★★
时间：2mins

力量村里出生的孩子都力大无比。其中有一个大力士可以轻易地举起 400 斤的东西,但有一天,他竟然连一件 200 斤重的东西都举不起来,请问这是为什么? 当然,他没有生病也没有受伤。

📖 游戏提示

他举不起来的这个东西根本不是他外在的物品。

36 眼睛眨眨

难度：★★
时间：4mins

　　西莱斯特是一个是帅气、幽默的小伙子。一天，西莱斯特对新交往的女朋友说，女友最吸引他的地方就是眨眼睛，新交往的女朋友听了后，便笑着问西莱斯特，说从你生下来到现在，是睁眼的次数多还是闭眼的次数多？

游戏提示

　　这个问题涉及到出生时是睁眼还是闭眼的。

37 律师的难题

难度：★★★
时间：3mins

　　古希腊一位寡妇要把她丈夫遗留下来的3500元遗产同她即将生产的孩子一起分配。如果生的是儿子，那么按照古希腊的法律：母亲应得儿子份额的一半，如果生的是女儿，母亲就应分得女儿份额的两倍。可是如果生的是一对双胞胎－－一男一女呢？遗产又该怎么分？这个问题把聪明的律师给难倒了。聪明的你知道遗产该怎么分吗？

游戏提示

　　可以先列未知数，求得女儿应得的数。

38 绿树为家

难度:★★★
时间:3mins

"绿树为家"是孩子们为院落里的三棵常青树取的名字。孩子们非常爱护这三棵树,因为这三棵树上经常有小鸟停留在上面。现在有36只小鸟分别停在这3棵树上休息。如果从第一棵树上飞6只到第二棵树上,然后从第二棵树上飞4只小鸟到第三棵树上,那么3棵树上小鸟的数量相等。请问:原来每棵树上各停了多少只小鸟?

👉 游戏提示

根据题意,我们可以发现实际上是飞2只到第二棵树上,飞4只到第三棵树上,数量就相等了。

39 结果会怎样

难度:★★
时间:3mins

想一想,如果将手放入100℃滚烫的热水中,即使只有三秒钟的时间,也会被严重烫伤。那么,如果将手放入150℃的空气中,停留五秒左右,这只手会怎样呢?

A.彻底烧烂,整只手完全报废。

B.感觉暖暖的,不会被烫伤。

👉 游戏提示

当手放入热水中,手上形成的气体膜会遭到破坏,因此手会被烫伤。

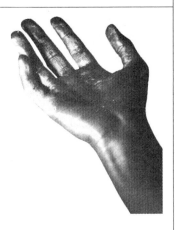

40 特殊的座位

难度:★★
时间:2mins

或许你不相信,但是我还是要告诉你,有一个地方,别人只需经过允许就可以坐,但是你却永远坐不着。请问,你知道在哪里吗?

👉 游戏提示

往自己身体上去考虑。

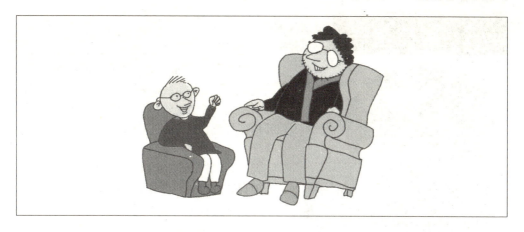

41 观看足球赛

难度：★
时间：1mins

恩蒂和爸爸在观看巴西的足球赛，球赛中场休息的时候，爸爸问恩蒂："放在右脚旁边，而左脚碰不到的是什么东西？"恩蒂灵机一动就答对了。你知道恩蒂的爸爸指的是什么吗？

游戏提示

既然是放在右脚的旁边，那么肯定跟脚有关。

42 劳奇看艺术展

难度：★★
时间：2mins

劳奇和他的 5 个好朋友去看艺术展。为了尽快赶到目的地，他们以每小时 100 公里的时速行驶在 240 公里长的道路上。2 小时 20 分之后，他们到达了目的地。卸完行李后，他们发现汽车轮胎一直在漏气。

请问：为什么他们一直没有发现呢？

游戏提示

正常情况下，轮胎漏完气，车子就会走不动。

43 草莓蛋糕

难度：★★★
时间：3mins

小熊恩弟长得很可爱，他是爸爸妈妈最心疼的宝贝。2月1号是恩弟的生日，爸爸妈妈为了给小熊办一个难忘的生日，特意买了一个很大的草莓蛋糕。中午吃饭的时候，恩弟还邀请了自己的小伙伴们一起来参加，加上小熊恩弟一家人，刚好是8个。切蛋糕时，小熊恩弟只切了3刀，就把蛋糕平均分成了8块。你知道聪明的小熊恩弟是怎么切的吗？

📷 游戏提示

先用两刀将蛋糕切成一个十字形状，再考虑第3刀该如何切。

44 熟悉的侧影

难度：★★
时间：2mins

把这些红色图形放入蓝色方格的背景中，你就可以得到个熟悉的侧影。你知道是什么吗？

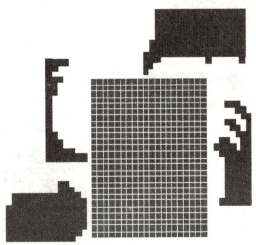

📷 游戏提示

如果凭观察不能看出来的话，最简单的方法就是用彩色笔将红色图形在方格中描出来。

45 数字母

难度：★
时间：1mins

读下面这句话：Finished files are the result of years of scientific study combined with the experience of years（这些完成了的文件是多年来科学研究和经验积累的成果。）

现在,请再读一遍,这遍读的时候数一数其中共出现了多少个"f",总共有多少?

📖 游戏提示

不要忽略了简单的单词里面的"f"。

46 无重力地带

难度：★★★
时间：4mins

地理课上,汉纳问了老师一个问题:在这地球上,究竟有没有完全无重力的地带呢? 倘若有的话,您能明确指出它在什么地方吗?

📖 游戏提示

重力是指由于地球的吸引而使物体受到的力。

47 海底世界的门票

难度：★★★
时间：4mins

黛西学校正组织一次春游活动,戴安娜老师打算带孩子们去海底世界玩。海底世界规定门票每张5元,50人以上的团体票可享受八折优惠。可现在全班加上戴安娜老师才46人,享受不了优惠。那么,你能帮他们想一个省钱的方法吗?

📖 游戏提示

有时候明着是花多了钱,但暗地里却是赚了。

购票须知

48 认识足球

难度：★★
时间：2mins

三个小伙伴在一起玩足球，其中一个说："我最喜欢足球了。"可是另一个人问了他一个很简单的问题，他就哑口无言了。问题是：一个标准的足球有多少个正五角形？多少个正六角形？如果你喜欢足球的话，就赶快来数数吧。

▶ 游戏提示

可以自己拿着足球数一下，并了解到，一个正五角星需要五个正六角形来填补。

49 等分圆的面积

难度：★★★
时间：3mins

只用直尺和圆规，你能把一个圆分成面积相等的八部分吗？

▶ 游戏提示

直尺可以将圆的直径等分，然后再利用圆规来划分。结合一下中国古代的阴阳八卦图来思考，就更容易了。

50 麦格养鱼

难度：★★★
时间：4mins

望着空空的鱼缸，麦格呆呆地出神，自从女友走后，他家就再也没有养过鱼。可是，当他看着空荡荡的家时，他下定决心要养一些红金鱼和蓝金鱼。他所养的金鱼大小差不多。可过了一段时间，麦格说，蓝金鱼吃掉的饵食却比红金鱼多两倍。你说说这是什么原因？

▶ 游戏提示

题目中没有指出金鱼明确的数量。

答 案

第7章 50道辐射思维游戏

1.

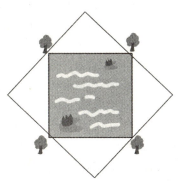

2. 把两个杯子都倒满,然后将水壶里的水倒掉。接着将300毫升杯子内的水全部倒回水壶,把大杯子的水往小杯子倒掉300毫升,并把这300毫升水倒回壶中,再把大杯子剩下的200毫升水倒往小杯子,把壶里的水注满大杯子(500毫升)。这样,壶里只剩100毫升。再把大杯子的水注满小杯子(只能倒出100毫升),然后把小杯子里的水倒掉,再从大杯子往小杯子倒300毫升,大杯子里剩下100毫升,再把小杯子里的水倒掉,最后把水壶里剩的100毫升水倒入小杯子。这样每个杯子里都恰好有100毫升的水。

3. 因连着的日期是每日增加1的,而第一张又为X,于是可列出方程:$X + X + 1 + X + 2 + X + 3 \cdots\cdots + X + 8 = 54$,得出 $9X + 36 = 54$,而 $X = 2$。因此,第一张是2号,最后一张是10号。也可以这样想:$54 \div 9 = 6$,中间是6号,往前数4张到2号,往后数4张到10号。

4. 如图。

5. 将右眼闭上,只用左眼注视红三角。

6. 可以。即:$11^{11} > 1111 > 111^1 > 1^{111}$ $999 < 99^9 < 9^{99} < 9^{999}$

7. 在石头前挖个大坑,把石头埋起来就可以啦。

8. 苹果在成熟过程中,颜色逐渐从青色转为红色,而这个红色色素的形成,阳光起到很大的作用。将字照出一张底片,粘贴在苹果上,那么底片的透明的部分就能接收到阳光,而底片不透明的部分就阻挡了阳光,这样就在苹果上留下了一个轮廓。

9. 牧师先让莉萨将大米平均切成两份,然后由婕米先在两份中挑选一份,剩下的那份就留给莉萨。因为大米是由莉萨分的,这两份在她的眼中当然都是一模一样的。两份大米在婕米眼中肯定是大小不一样,所以她挑走了那份她认为比较大的。

10. 结果是两根带子,一根顺时针扭曲,一根逆时针扭曲。

11. 你将得到普通的正方形环——两条横边,两条竖边,没有扭曲。

12. 在冰块的某个部位撒上食盐,撒有食盐的部位,冰块会被融化,变成小水窝,这时将线埋在其中。但是,随着冰块的融化,盐的咸度逐渐下降,使水的结冰点重新被提高而结冰。于是,线就被冻到冰块里面。

13. 解题的关键在于求出最后盐水中盐的质量。最开始杯中的含盐量是:$100 \times 80\% = 80$;第一次倒入清水后的含盐量是:$80 - 40 \times 48\% = 48$ 克,盐水的浓度是:$48/100 \times 100\% = 48\%$;第二次倒入清水后的含盐量是:$48 - 40 \times 48\% = 28.8$ 克,盐水的浓度是:$28.8/100 \times 100\% = 28.8\%$;第三次倒入清水后的含盐量是:$28.8 - 40 \times 28.8\% = 17.28$ 克,盐水的浓度是:$17.28/100 \times 100\% = 17.28\%$。

14. 是大猴菲菲最先发现有人开枪,因为,在自然界中,光的传播速度最快,每秒钟可达到 30 万公里,其次是声音。

15. 毫无疑问是 1/2。因为每一次抛掷,硬币的机率不会受前面抛掷的结果影响。

16. 能。设卡米拉一步的距离为 a,吉洛怡一步的距离为 b,卡米拉要追上吉洛怡,所跑的距离为 s + 10 步,根据题意有:$5a = 9b$;v 卡米拉: v 吉洛怡 $= 2a:$ 3b,由此可知,卡米拉要追上吉洛怡则有:$\dfrac{S+10}{v \text{卡米拉}} = \dfrac{S}{v \text{吉洛怡}}$ 解得 $s = 50$,故卡米拉要跑 60 步才能追上吉洛怡。

17. 两位盲人可以把衣服放在太阳下晒,因红色更吸光,温度也就会更高,所以热一些的是红衣服。

18. 最多可能有 7 个男孩,最少 1 个。

19. 因地牢只有一个进口,且进口及地牢周围都有人进行彻夜防守,人无法进入,所以唯一的答案就是这位老总是女的,她在地牢里生了一个男孩。

20. 你的大拇指阻止了空气从 U 型管这端流入。而开口的一端有空气流入,把水面往下压。大气压把水面压了下去,阻碍水面回升,从而产生了水位不平的现象。这是证明大气有重量的一个简单例子。

21. 在线的中间打一个结,使结旁多出一股线来,从线套中间剪断,苹果不会落下来。

22. 至少钓到 2 条。

23. 通门铃的按钮是从左边数第五个。

24. 把裤子前后反穿。

25. 可能,杯子中的咖啡是固体粉末。所以,梅根的手指和手机都没有湿。

26. 水流会沿着勺子的曲线流下,这就是柯恩达效应。在微观领域,两分子接近时会产生静电作用力,使两个分子互相吸引。这叫做范德华力,也就是倒水时水会沿着杯壁流下来而不是直接往下落的原因。

27. 轿车是作为货物由货车载运的。

28. 角还是15°。一些属性并不随维度上尺寸的放大而改变。

29. 3种。

30. 命令是父亲发出的,他恰好也在这个房间里。

31. B。

32. 小圆走过的路径是其周长的3倍。如果是条直线,它将滚3圈。但因为它在圆周上滚动,小圆还会转更多的圈。可以发现,就算小圆自己不转,与小圆的接触点始终不变,绕大圆一圈后它也将转上一圈。所以,小圆一共转了四圈。

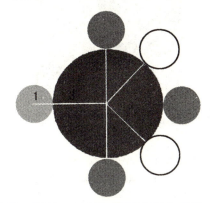

33. 在连通器中,水位应该是一样的。压强与管子的形状无关,只与水面的高度有关。这叫做流体静压佯谬。

34. 这两个人是三胞胎(或三胞胎以上)中的两个人。

35. 因为他要举起的是他自己。

36. 你现在是睁着眼看这道题的,如果你生下来的时候是闭着眼的,那么它们一样多,如果你生下来是睁着眼的,那么睁眼的次数就比闭眼的次数多一次。

37. 那位寡妇应分得1000元,儿子分得2000元,女儿500元。

38. 3棵树上的小鸟分别为18只、10只、8只。

39. B。当手放入100℃滚烫的热水中,手周围的气体膜即瞬间被热水所溶解,因此会被严重烫伤。若将手放入150℃的空气中,由于在这之前手曾和外面的冷空气接触过,手的表面形成了一层类似保护膜的薄膜,不会立即感到150℃的热气。所以,只会产生暖暖的感觉——干燥器和烤箱就是根据这个原理,使我们伸手取食物时不会被烫伤。

40. 自己的腿上。

41. 左脚。

42. 漏气的是备用胎。

43. 先把蛋糕切成十字形状,再把蛋糕拦腰截断。

44. 如图(见下页)。

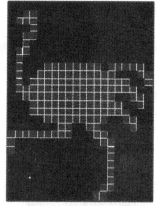

45. 这是个经典的游戏。这里给出的是彼得·加伯尔的版本。共有 6 个 f。"of"中的"f"往往容易被忽略。

46. 有的! 地球的中心应该就是无重力地带。

47. 直接买 50 张票,这样可以省 30 元。46 张票需要 $46 \times 5 = 230$(元),50 张票需要 $50 \times 5 \times 0.8 = 200$(元)。

48. 正五角星 12 个,正六角星 20 个。

49. 用直尺和圆规可以把圆分割成任意个面积相等的部分。只要把直径等分成所需要分割的数目,然后依次画半圆,如图所示。

50. 麦格所养的蓝金鱼数量比红金鱼多两倍。

第八章

50道空间思维游戏

1 尔莎转三角形

难度:★★★
时间:3mins

尔莎用笔在纸上画了3条直线,这3条直线可以围成1个三角形;4条直线可以围成4个三角形。他问麦特能否在下面所示的三条直线中再加两条直线,并转出10个三角形。

📖 游戏提示

若要使这个图形能转出10个三角形,那么这两条线要画成对角线才行。

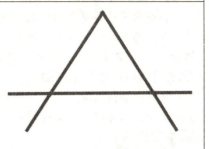

2 六面的大理石

难度:★★★
时间:4mins

雷思先生在别墅的泳池旁放了一块六面的立方体大理石(如图),他现在想将6个箭头放在这个立方体的6个面上。你能算出有多少种可行的方法吗?

📖 游戏提示

在算出方法之前,得考虑正方体的对称性。

3 噩梦中的外星人

难度:★★★★
时间:5mins

一天晚上,柯金思在做着一个噩梦,梦中有4个UFO在他周围盘旋,想绑架他。每个外星人都随机地往他左面或者右面射出一道激光。

如果4道激光能把柯金思圈在一个长方形里,就能抓到他。请问外星人抓到柯金思的概率是多少?(图中每个外星人都往柯金思右面射出一道激光。)

📖 游戏提示

4条激光可以形成16种组合。

4 玩具的方向

难度:★★
时间:3mins

爸爸为了让乔奇斯的空间思维得到全面的发展,就给乔奇斯买了一个正十二面体玩具,这个正十二面体玩具是由 12 个正五边形的面组成的正多面体。一天,乔奇斯偶然地发现平面上的一个正十二面体转 72°,它将占据原来那个空间。如果是这样,那么平面上的正十二面体可以有多少种不同的可能方向呢?

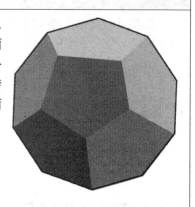

📑 游戏提示

可以根据十二面的平面特性来思考。

5 挑战无极限

难度:★★★
时间:4mins

下图是一道数学考题,它可以帮助你挑战多方面的空间想象力。图中,最外层的圆包含一个内接三角形,三角形中有一内切圆,圆内又包含一个内接正方形,再是一个内切圆,里面是正五边形,然后是圆、正六边形、圆、正七边形……层层嵌套下去,每次正多边形的边数都加 1。随着圆越来越小,你能猜出最后这个圆会变成什么样的吗?

📑 游戏提示

不要仅靠自己的想象力和视觉效果去猜测。

6 我行我秀

难度:★★
时间:4mins

在一次我行我秀的空间思维比赛中,有一道这样的题,立方体有比二维图形更多的旋转对称。你能找出所有的旋转对称吗?

📑 游戏提示

立方体一共有 13 根旋转对称轴。

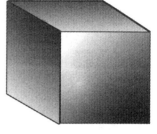

7 落地黄金的秘密

难度：★★★★★
时间：6mins

在一个正五边形里画出所有的对角线。你作出了一个五角星。因为五边形对称在自然界里到处都有，比如在植物和诸如海星的动物中，所以它有时被称为生命的对称。

因为作出黄金矩形和黄金三角形的秘密在于五角星，所以它就成为毕达哥拉斯及其追随者的神秘象征。要理解它的神秘，就要计算出五边形的边长和五角星的边长的比值。

☞ 游戏提示

五边形是由两个黄金三角形组成的。

8 玩家的输赢

难度：★★★★
时间：5mins

奥蒂列特是一名硬币玩家高手。一天，他与罗克两个又玩起了硬币游戏，两人轮流将相同的硬币放在圆桌上。当桌子上不能再放上硬币而同时不遮住其他硬币时，将要放硬币的人就输了。不管桌子有多大时，你能否设计一个战略使得罗克总是赢？

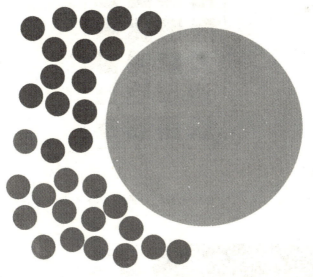

☞ 游戏提示

如果罗克想取胜，就得知道如何将硬币放在一个总是安全的特殊位置上。

9 拼正方形

难度:★★
时间:4mins

右面的花瓶分解后能拼出一个完整的正方形,而且还有两种可行的方案,一种是把它分成 3 部分,另一种是分成 4 部分。相信这难不倒古灵精怪的你吧!

🖙 游戏提示

可以选择分成 4 部分来做,采用对称的方法可行。

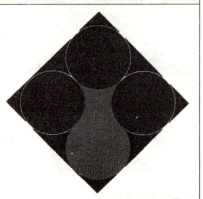

10 去公司的路

难度:★★★★★
时间:6mins

图中所示的是一个方格城市,哈特先生住在这个小区街区的右上角,他的公司在左下角。请问他去公司可以走多少条不同的路线? 最短的路线是哪条?

🖙 游戏提示

像方格小区一样的地方,哈特先生去公司最短的路不止一条。

11 流星"画"越

难度:★★
时间:3mins

你能否像流星一样沿着黄色的路径连续画过相互连接的星星呢? 你可以穿过已经画过的线,通过每个红点数次,但你不可以重画任何一条路径。

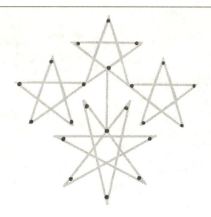

游戏提示

可以考虑从蓝色的点开始出发。

12 复杂的图形

难度:★★
时间:4mins

三角形的两个顶点可以在两个相交的圆的圆周上称动。那么随着这两个顶点沿着其路径移动,第三个顶点可以画出一个复杂的图形。你知道是一个什么图形吗?

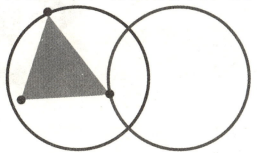

游戏提示

可以自己实际操作一遍。

13 积木向前冲

难度:★★★
时间:6mins

克里经常玩"积木向前冲",你能像他一样非常有技巧地将右边的 6 个小图形不重叠地填入左边的图形中吗?

游戏提示

必须将不规则的小图形放在中间才能填入。

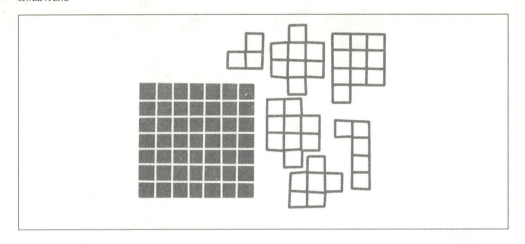

14　长方形盒子

难度：★★
时间：3mins

问号代表一个打破的长方形盒子，请问它与 A、B、C、D、E、F 中的哪块能够完全重合在一起？

📖 游戏提示

先分析出破碎处的凹凸部分，再抓住 A～F 的特点。

15　创意茶壶

难度：★
时间：1mins

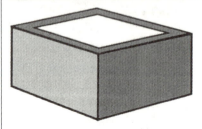

此图所表示的是一个最新的创意茶壶，它看起来既美观，又节省空间。这个茶壶能装 1 升水。你有办法利用这个茶壶，一次精确地装上半升水吗？

📖 游戏提示

在了解长方体的体积特性时，利用长方体体积对半分割。

16 巧变位置

难度：★★★
时间：3mins

如图所示，10枚硬币组成了一个倒三角形，在只允许移动3枚硬币的情况下，你有办法能让这个三角形朝上吗？

游戏提示

既然是朝上的三角形，那么第二行是不需要动的，然后将最后一行移到最上面。

17 六角星耳环

难度：★
时间：4mins

这只六角星的水晶耳环，已经很旧了。作为设计师的坎蒂丝决定将这个耳环做一番改造，使这个六角星拼成一个长方形。你说该怎样拼？

游戏提示

可以试着将六角星的上、下两个角剪下来，然后做相应的调整。

18 用空间组话

难度：★★★★★
时间：7mins

以下是将一句话的每个字都分成了3块，然后把它们分散。请你把它们正确地重新组合，找到答案。

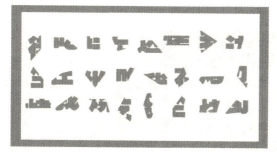

游戏提示

这个题目充分考察了你的洞察力及空间想象力。

19 添线变图

难度：★★
时间：2mins

倘若在 A、B、C、D、E 各图中某处添上一条线（任何形状的线皆可，但线条不能重叠）哪幅图案能够变成左图所示的形态？

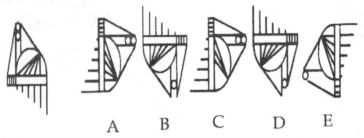

A　B　C　D　E

📖 游戏提示

图 D 和图 E 与左图相比有着较大的差异。

20 鬼灵精怪

难度：★★
时间：4mins

卡罗琳是个小精灵，妈妈笑着称她为"可爱的小狐狸"。这不，她问妈妈：倘若在一个房子的四周布满镜子，然后当你走进去时，再把门关紧，你觉得自己会看到一片怎样的景象？

📖 游戏提示

想想没有光线射进去的房间会怎样。

21 最结实的橱窗

难度：★
时间：1mins

下图中的 A、B、C、D，是鲁克家准备设计的四扇橱窗，请问，你知道哪一扇橱窗的结构最为牢固吗？为什么？

📖 游戏提示

我们知道，三角形具有稳定结构的作用。

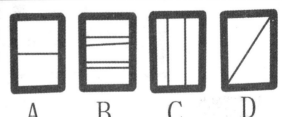

A　B　C　D

22 精美刺绣

难度：★★★
时间：5mins

吉莉丝家有一块珍藏了很久的刺绣,这块刺绣的做工非常精美。可是,刺绣的形状有点怪异(如图)。一天,妈妈将这块刺绣从柜子里面拿出来,想让吉莉丝把它拼成一个正方形,前提是只能剪两次。吉莉丝看了半天也不敢动手,你能帮帮吉莉丝吗?

游戏提示

从这块刺绣的两端去考虑。

23 绑票

难度：★★★
时间：4mins

里斯廷夫妇俩遭人绑架,绑架的情形如图所示,犯罪分子向他们要 100 万现金,不然就会撕票。他俩没法剪断绳子,也无法解开绳结,可他们却逃了出来。你知道他们是怎么办到的?

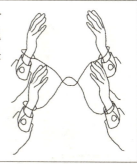

游戏提示

若想手可以从中脱出,势必得想办法让绳索变松弛。

24 埃达套纸靴

难度：★★
时间：3mins

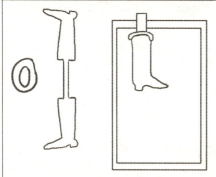

埃达现有一个方框、一双连在一起的纸靴以及一个小圆环(如图所示)。圆环的内径比方框的边宽略大一些,而连接纸靴的纸条长度超过方框边径的两倍。

埃达在想,怎样才能把纸靴和圆环套到方框上去(不能把纸靴折细后由圆环内径穿过再套上去)?

游戏提示

靴子是纸做的,厚度有限,但方框可以进行折叠。

25 上下点数

难度：★★
时间：2mins

看看下图这叠骰子向上和向下的两面是什么点数？

📢 游戏提示

先了解骰子的结构，再用空间想象力来思考。

26 "揪"出第三支笔

难度：★★★★
时间：3mins

在下图的一堆铅笔中，若按从下往上的顺序，哪一支铅笔属于第三支？

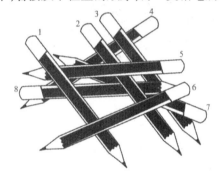

📢 游戏提示

尽管看起来一团糟，但若按关键点找的话（譬如笔头、交叉点等），就很容易了。

27 圆绳圈蜜蜂

难度：★★
时间：3mins

如图，妮丝用一根圆绳将11只蜜蜂圈了起来。如果只允许使用4条直线分割这个圆，你能否将11只蜜蜂分成11个单独的小部分？

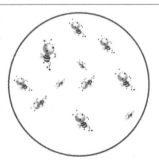

📢 游戏提示

因蜜蜂分布的位置各不相同，所以应从蜜蜂最少的位置下手。

28 抽象派雕塑

难度：★

时间：1mins

在一个花园里,有一个巨大的抽象派雕塑。3个方框缠在一起,标有红色记号的方框在标有黄色记号的方框里头,后者则又在标有蓝色记号的方框里头。然而,奇怪得很,那标蓝记号的方框又在标红记号的方框里!

你能说出这些方框的大小吗?

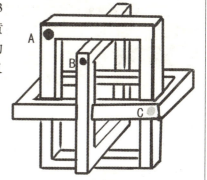

📖 **游戏提示**

这道题要运用三维空间的思维去思考。

29 修建俱乐部

难度：★★★★

时间：4mins

步行街旁要新建一个俱乐部,工程尚未完成,有两堆叠放整齐的砖块堆放在一个小小的空地里。如果不一块一块地数,你能看出这两堆砖块各有多少块吗?

📖 **游戏提示**

可以用没有被叠起来的砖块将空缺的位置补齐。

30 一变二

难度：★★

时间：4mins

琳娜得在本子上粘了一把漂亮的降落伞,这把降落伞是用竹签粘的。在一旁的劳拉看见琳娜得的作品后,得意地说:"娜,我只要移动 4 根竹签,就能让你的一把小降落伞变成两把。"话刚说完,劳拉就把降落伞变成了两把。你知道劳拉是怎么做的吗? 启动你智慧的大脑想一想。

游戏提示

既然劳拉是在原有的基础上将它进行改变的,那么肯定是将伞变小了。

---

31 麻烦来了

难度:★★★
时间:4mins

A

1 2
3 4 5
6 7 8 9
10 11 12

B

艾娜要去河对岸的朋友家,可渡河却是一件非常麻烦的事情,因为这条河里有好多鳄鱼,唯一能安全渡过小河的办法就是小心翼翼地踩着一块块石头。一旦踩错了石头,就会掉进河里。

从 A 开始,每一排只能踩一块石头。倘若你是艾娜,你会沿着什么顺序走呢?

游戏提示

从 2 开始踩,不要将图形看成纵排就行。

---

32 串迷宫

难度:★★★
时间:3mins

下面是葛达姆斯城里的一张迷宫图,有点的位置表示此处有机关。埃玛身为冒险家,在出发之前已将所有机关查了一遍。首先,他决定选择从有星形记号的方格出发,然后一格一格地走。如此,他把有机关的和空白的方格全走到了。而且他留意到自己一次也没有回到已经走过的方格中去。他也没有对角走,也没有到过斜线的方格,因为斜线方格是水沟。他转完一圈,仍回到出发时的那块方格中。你知道埃玛是怎么走的吗?

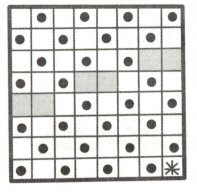

📖 游戏提示

根据给出的条件,我们可以得知他所走的路一定是转折比较多。

33 重物前移的距离

难度:★
时间:1mins

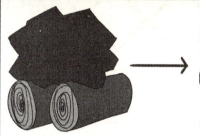

人们曾用圆木做的滚车移动重物,图中两根相同的圆木的周长都是1米。如果圆木滚了一圈,那么重物将前进多少距离?

📖 游戏提示

重物前进的距离是相对地面来讲的,而不是相对于圆木。

34 考察你的眼力

难度:★★
时间:2mins

请你看看下面两组图形,然后回答问题。

(1)两个正方形哪一个大?

(2)两条对角线哪一条长?

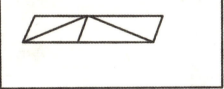

📖 游戏提示

有时用肉眼见到的并不一定真实准确。

35 巧变正方形

难度：★★★
时间：4mins

上劳作课时，莱兹在老师的帮助下，用16根小木棒组成了连在一起的5个正方形。现在，梅尔老师让莱兹移动其中的8根小木棒，使它变成由9个正方形组成的图案。你知道怎么移吗？

🖙 游戏提示

可以从移动两端的正方形来考虑。

36 星星点着灯

难度：★★★
时间：2mins

图中，星星们在点着灯笼玩耍，可有一颗孤独的星星不属于这个星座。你能找着它吗？

🖙 游戏提示

看看同色的三角星可以构成一副什么样的景象。

37 碧娜的请求

难度：★★★

时间：7mins

一天，碧娜请"数学王子"告诉她，下图中有多少个直角三角形。

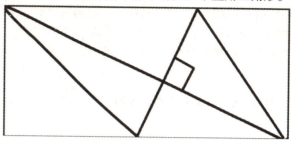

☞ 游戏提示

我们需要了解直角三角形最大的特征是什么。

38 数图形

难度：★★★★

时间：3mins

桌上放着4个空啤酒瓶，现在要求每两只啤酒瓶的瓶盖之间的距离相等，对此，你能设计出一种好的方案吗？

☞ 游戏提示

若想解决这道难题，我们需要掌握平面思维到立体思维的转换。

39 大圆小圆

难度：★★★

时间：3mins

半径分别为1和2的两个圆环，若小圆在大圆内绕圆周一周，问小圆自身转了几圈？如果在大圆的外部，小圆自身转几圈呢？

☞ 游戏提示

我们得弄清楚一个问题，那就是在圆外转圈与在圆内转圈的距离是相等的。

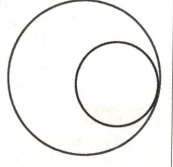

40 素描作品

难度：★★
时间：2mins

学习素描的瑞琪儿将自己的得意作品呈给妈妈看。她还告诉妈妈，这是从某个角度观察所画出的三角柱体。妈妈看之后，画出了4个三角柱体的展开图，并问她，在这4个图形中，究竟哪一个图形才是三角柱体的展开图？

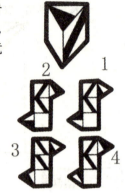

📖 游戏提示

在看展开图之前，先试着改变展开图的方向。

41 自创的跳棋

难度：★★★
时间：6mins

伯塔与伙伴们设计了一副自娱的数字跳棋（如图所示），空闲的时候，这副数字跳棋成了伯塔与玩伴们最喜欢的伙伴。晚上，当伯塔准备与伙伴们玩跳棋的时候，发现数字棋子不见了。在每一行、每一列，以及这个数字棋盘的2条对角线，都包含了1、2、3、4几个数字棋子。在这个数字棋盘里，已经标示了部分数字棋子。你能根据这一规则把方格里的数字棋子找到吗？

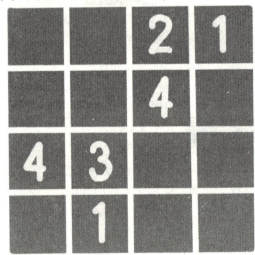

📖 游戏提示

必须从最上一栏开始入手，找到符合条件的数字棋子。

42 立体图形

难度：★★
时间：2mins

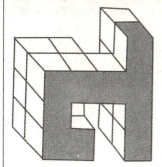

下面的图形是梅拉搭成的积木平台,请问你能根据立体图形的透视原理,算出这个立体图形是由多少块积木组成的吗?

🖙 游戏提示

根据透视原理,可以总结出不能透视的地方就没有缺。

43 漂亮的桌布

难度：★★
时间：3mins

妮莉雅家的餐桌上铺了一块漂亮的桌布。一天,淘气的狂将这块漂亮的布毁了颜色,如下图所示。想一想,图中空白的圆圈该填什么颜色?

🖙 游戏提示

从三角形的顶角上开始分析桌布的颜色规律。

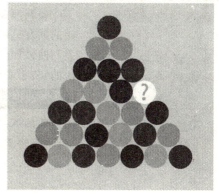

44 火柴棒的游戏

难度：★★
时间：2mins

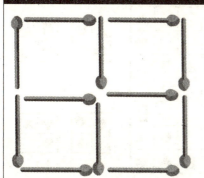

下面有一个用火柴组成的"田"字,倘若只能移动3根火柴棒,你能使"田"字变成"品"字吗?

🖙 游戏提示

记住,只能移动3根火柴棒。

45 绝活

难度：★★
时间：2mins

塞佩拉有一手绝活，他靠这手绝活养活家里的好几口人。这次，他接了一个活，买主让他把两个中间挖空的椭圆形小桌各锯成4块，然后再拼成了一个实心的大圆桌。转眼的功夫，塞佩拉就做好了，你知道他是怎么做的吗？

📖 游戏提示

要做一个实心的大圆桌，就要考虑把4块未挖空的部分放中间了。

46 找甲区

难度：★
时间：1mins

爱利西和莫丝汀是刚认识的好朋友，爱利西住在甲区，她的朋友莫丝汀住在乙区。一天，莫丝汀想去爱利西家玩，爱利西该如何以"最简单"的方法（她走的路程不一定是最短的）告诉莫丝汀用左面的地图找到甲区？

📖 游戏提示

既然不要求路程的长短，只要简单，那么看哪里障碍最少，就走哪里。

47 碎花椅套

难度：★★★
时间：6mins

奶奶用小块的碎花布粘成了一张椅套，现在只剩中间一个小方块没有完成。在A、B、C、D中，哪一块能完全补充到椅套的空缺中呢？

📖 游戏提示

暂时忽略这4块图案的形状，要先找到5种图形单个的变化规律。

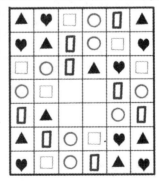

Ⓐ Ⓑ

Ⓒ Ⓓ

48　自己动手

难度:★★★
时间:3mins

阿芙妮有两把类似于银杏叶的扇子,但她觉得这两把扇子的风不够大,想把它们剪一刀拼成一个正方形。你能帮帮她吗?

游戏提示

基于剪一刀的原则,可以将银杏叶的扇子横着剪或竖着剪。

49　个性美感

难度:★★
时间:2mins

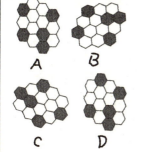

A　B

C　D

时装表演时,A、B、C、D 四姐妹同时出场。她们 4 人当中,有一个与其他 3 个不同,特别富有个性美感。你能看得出来吗?

游戏提示

当你把图形旋转到一定的角度时,就会发现,哪个图形不同。

50　美味巧克力

难度:★★★★
时间:8mins

奥蒂莉亚的姑姑从法国带回一块"工"字形的巧克力,作为礼物送给她。当奥蒂莉亚准备独享美味的时候,她的 3 个好朋友闯了进来。于是,她只好将这块"工"字形状的巧克力均匀地分成 4 块面积、形状都相同的巧克力。你知道奥蒂莉亚该怎样平分这块"工"字巧克力吗?

游戏提示

需要考虑图形的对称规则。

答 案

第 8 章 50 道空间思维游戏

1.

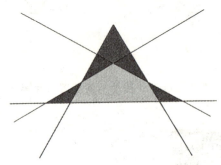

2. 不考虑正方体的对称性,共有 4096(4⁶) 种方法摆箭头。但除去对称性带来的重复情况,就只有 192 种不同的方法了。

3. 4 条激光束共有 16 种可能的组合。

其中 4 种可以形成能量场,把此人围住:

左、左、左、左

左、右、左、右

右、左、右、左

右、右、右、右

所以成功的概率是 1/4。

4. 一个正十二面体可以用 60 种不同的方法放在桌子上。

5. 你可能认为最终圆面积将趋向 0。然而,令人惊讶的是,结果并非如此。精确的计算要用高等数学,最终结果圆的半径大约是第一个圆的 1/8.7 左右,或者说,约 0.115 单位。

6. 立方体有 3 根旋转对称的四重对称轴,4 根三重对称轴和 6 根二重对称轴。一般而言,有一个给定重数的多重旋转对称轴意味着,如果你旋转该物体的角度与旋转一整圈之比等于给定重数的倒数(比如,三重轴就转 1/3 圈),那么你将获得一个与原来一模一样的物体。

7. 古希腊人证明了五边形由两个黄金三角形组成,这两个三角形的边长之比等于黄金比例。该比例约等于 0.168,并且通常用希腊字母来表示。

8. 罗克可以遵循以下规则,从而总是获胜:将第一枚硬币放在桌子的正中心;然后,每一枚都放在对手所放硬币的对称位置上,而这总是可行的。因为罗克的放置总是安全的,所以他不会输。而奥蒂列特最终会因无法再放上硬币,输得一塌糊涂。

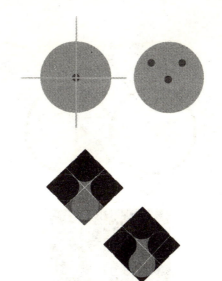

9.

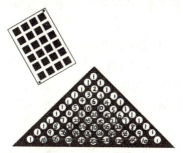

10. 在一个像方格小区这样的地方,通常两点之间有不止一条最短路径。比如,要走到方格中一半的点,你可以顺时针移动,也可以逆时针移动——两条路径是等长的。要得出到方格中每个交点的最短路径的数目,你在最开始的点标上"1",代表到出发点最短的路是站着不动。到拐角处的最短路径是条直线,因此同样在最近的转弯处标上"1"。但正如上面提到的,到出发点对面的拐角处有两条同样短的路径,因此将那个点标上"2"。如果你仔细地填完方格,再将它稍微转一下,如图所示,那么你就应该看到著名的帕斯卡三角形的一部分。正如下图所示,当方格城市的计划被加到帕斯卡三角形上,点 B 就位于标有"210"的地方。这样,点 A 和点 B 之间最短路径就有 210 条。

11. 你可以一笔画出这个图形,但要仅当你从一个蓝色的点出发,并回到另一个蓝色的点。

12.

13.

14. C。

15. 把四边形对等分开,有一种方法就是划对角线,因此,像下图中那样把容器斜过来。当刚好可以看到容器的底边而水还流不出来的时候,容器里的水就是准确的半升。

16. 将最底下的一枚移到第一排上面,放在4枚硬币的正中间位置,再将有4枚硬币的两端2枚移到第三排2枚硬币的两端。

17. 将六角星的上下两个角剪下来,一分为二,拼到左右两个缺口上。

18. 我坐在街边吃烧烤。

19. B。只要再加一个小圆就可以和左图相同。A完全与图相同,其他几个相差太大。

20. 也许你会想,你能看到无数个自己,其实你什么也看不见。因为没有光线能射进房间里面,到处一团漆黑,即使你有火眼金睛也不行。

21. D。因为三角形的三条边长确定后,它的形状不易改变,而D是由两个三角形组成的。

22.

23. 很容易就能使他们分开。一个人质用双手抓住他的绳子,使他的绳子在他同伴另一

200

侧形成一个松弛的绳圈。然后他把绳圈塞进同伴手腕上的套索中,容易发现,要使绳子圈不扭曲,只能穿过一只手腕。然后他把绳圈绕过同伴的手指。当他把绳圈绕过同伴的手并从套索中拉出后,他们就自由了。

24. 如图所示,把纸靴夹在方框中,再把方框对折起来,从下端套小圆环。然后套在纸靴上。

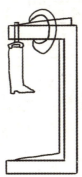

25. 向上是 1,向下是 6。这是因为骰子的结构是一点和四点是相对的位置,三点和六点是处于相对的位置,二点和五点是处于相对的位置,所以向上是 1 点,向下是6 点。

26. 7 号铅笔。

27. 如图,

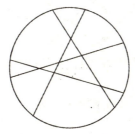

28. 方框是完全相同的。因为是三维空间,所以它们可以被紧密嵌套,于是有 A 在 B 中,B 在 C 中,而 C 又在 A 中。

29. 左边 26 块,右边 15 块。

30.

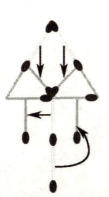

31. 2、3、8 和 10,每一排的圆圈都是沿着顺时针方向旋转 90 度。

32.

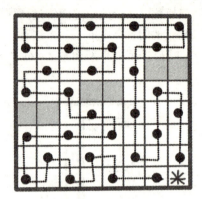

33. 圆木向前滚一圈后,它们使重物相对它们向前移动了1米,而它们相对地面又滚动了1米,所以一共向前移动了2米。

34. 两个正方形一样大,两条对角线一样长。

35.

36. 最上面的星星。因为其他的同色星星都可以分别成为正三角形。

37. 有6个直角三角形。

38. 将一只瓶子的瓶口朝下,让4只瓶子的瓶口成一个正四面体。

39. 小圆转两圈的距离等于大圆的周长。所以答案为2圈。里圈和外圈答案一样,因为距离没有变。

40. 顶面的图形中,深色在左边。图1的展开位并没有任一面符合"深色在左边"的条件,可以排除图1;立体图里和底面相连的侧面的图案为右上到左下的深色条状,图2中没有这样的图案;图4也不符合条件。只有图3符合条件。

41.

3	4	2	1
1	2	4	3
4	3	1	2
2	1	3	4

42. 10 + 11 = 21 块。

43. 蓝色。这些圆圈的排列顺序一开始是红色,接下来的是浅红——蓝——浅蓝,然后按此顺序排列。

44.

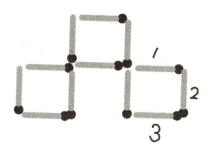

45.

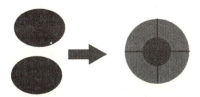

46. 当你走到只有左转或者右转两种选择的 T 字路口时,只要左转就行了。

47. D。五个图形按照顺序沿着第一行移动,然后沿着第二移动,以此类推。

48. 如图,

49. A。你只需把图旋转就会发现 B、C、D 是同一个图形。

50.

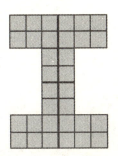

第九章 50 道探索思维游戏

1 罗马古币

难度：★★★
时间：4mins

穆尔和摩西都是考古学家。不久前,穆尔挖掘出一枚罗马古币,上面标明的铸造年代是公元前44年,并印有凯撒大帝的肖像。但摩西断定这枚古币是赝品。经过鉴定,这枚古币确实是赝品。请问:摩西是怎么知道的?

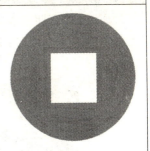

🖙 游戏提示

想想公元前的钱币在铸造上会有什么不同。

2 观察生活

难度：★★
时间：3mins

多拉特别善于观察生活,对于生活中的事情,他都特别留意。一天,他将玻璃杯(玻璃杯底部是干的)放进装满水的盆子里,却发现杯子的底部仍是干的,你知道多拉是怎么做的吗?

🖙 游戏提示

在空气的压力作用下,水一般是不会流进去的。

3 葬礼的背后

难度：★★
时间：2mins

母亲与蜜妮安两姐妹相依为命,由于母亲过度的劳累,所以不久前就死了。母亲去世的时候,姐妹俩去参加葬礼。蜜妮安在葬礼上遇见了一个很帅的男子,并对他一见倾心。但是,葬礼后那个男子就不见了。蜜妮安怎么找也找不到他。后来过了一个月,蜜妮安把姐姐杀了。

请问蜜妮安为什么要狠心地杀死姐姐呢?

🖙 游戏提示

跟那个很帅的男子有关。

4 漂亮的相遇
难度：★★
时间：2mins

唐娜斯的男朋友是一名船长，他在一家轮船公司上班，年薪高达几十万。他每天上午，负责将公司的轮船从公司出发开往亚得里亚海，而在每天这一时间都有该公司的一艘客轮从亚得里亚海开往公司。客轮走一个单程需要 7 天 7 夜。请问：今天上午从公司开出的客轮，将会遇到几艘从对面开来的同一个公司的客轮？

游戏提示

从公司开往亚得里亚湾的客轮，除了在海上会遇到 13 艘客轮以外，还会遇到 2 艘。

5 水上之旅
难度：★★★
时间：4mins

雷斯和尼卡两人来到了"水上之城"威尼斯。为了领略两岸的风景与风情，他们俩人各租了一条汽船，决定好好地欣赏。雷斯是 4 号船，尼卡是 5 号船。你能从他们船后荡起波浪的夹角判断出到底是雷斯快还是尼卡快吗？

游戏提示

可以从荡起的波浪夹角来考虑。

6 柯南再现
难度：★★★★
时间：2mins

安吉斯望着侦探，非常激动地说："您要是早来 5 分钟，我那几幅名画就保住了。"侦探问怎么回事？安吉斯向侦探讲诉了事情的经过。原来，10 分钟前，安吉斯一个人在这儿找书，一个歹徒突然闯进来，用枪指着安吉斯，命令他脸朝墙站着。歹徒取下了 5 幅，又命令安吉斯把面前那幅毕加索的作品取下来递给他，随即逃走了。

侦探问："这么说，你肯定不知道他的长相了？"

安吉斯说，在镶这幅画的玻璃镜中看清了歹徒的长相，能认出这个人。

侦探笑了起来，对安吉斯说："年轻人，我可不为你骗取保险金去做证人。你根本没丢什么画！"

请问安吉斯的叙述有什么漏洞？

游戏提示

想一想，油画在框镶上与其他画的区别。

7　打击次品

难度：★★★
时间：5mins

伦达公司是美国一家著名的制笔厂，这家厂里的笔直销好几个国家。由于公司的流水线工程管理得非常科学，每道工序又都要求的特别严，所以公司里的笔很少出现次品。这次，公司发现在发出的 10 箱铱金笔里，其中有 1 箱是用不锈钢材料做的替代品。10 个箱子外形和颜色都一样，只是重量上有差别：铱金笔每支重 100 克，不锈钢替代品每支重 90 克。

公司的主管要求品检：用一个天平只称一次，把这箱替代品检查出来。你知道怎样称吗？

游戏提示

要从箱子中分别取出不同数量的笔来称量。

8　会平衡吗

难度：★★
时间：2mins

珍尼的爸爸非常注重对珍尼的培养，爸爸总是用许许多多的小实验来向珍尼展示生活中各种各样的道理。一天，爸爸在天平的两端各放了一只装满水的杯子，然后在其中的一个杯子里加了一个苹果，这时天平正好平衡。然后，他问珍尼，若把杯中的苹果取出来仍然放在另一端的托盘上，天平还会平衡吗？

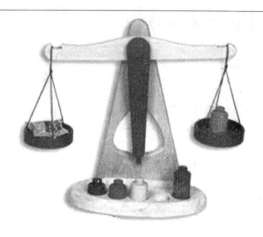

不要被一些毫无用处的条件给弄糊涂了,得注意天平的特性。

9 旅行奇象

难度:★★★
时间:5mins

游山玩水是路卡的最爱。假期中,路卡为了放松绷紧的神经,决定去澳洲旅行一番。当他领略路两旁的风景时,偶然看到高压线上站着的两只小鸟,便觉得非常的奇怪。高压线上的电压很高,小鸟却能够安全地在电线杆上歇息。你能帮路卡解释清楚这个疑团吗?

🐾 游戏提示

既然站在高压电线上能够安然无恙,那么小鸟的身体肯定能阻止电流或者减小电流。

10 实验大身手

难度:★★★
时间:3mins

肖特思在市里的"实验大身手"中获得了一等奖。他做了下面的实验,在一个装了很多水的大木盆里浮着一个小木盆,小木盆里还有一块铁。现在,将这块铁拿出来放进水里,请问水面比刚才是上升了还是下降了?

🐾 游戏提示

铁的比重远大于水。

11 提前通航

难度:★★
时间:2mins

在冰天雪地的冬天,河道早就被冰封得死死的。员工们都准备休假回家。对于此事,员工罗夫觉得有必要跟领导商量一下,他觉得有一个办法可以提前通航。领导说:"河道被冰封住,如何提前通航?难道要造艘破冰船?"罗夫说:"我这个计划靠太阳光!"想一想,罗夫提出什么办法能使河道提早通航?

▌☞ 游戏提示

思考最容易吸收阳光中的热量的是什么?

12 有苦难言

难度:★★★
时间:4mins

若娜家有一口非常陈旧的铝锅,由于用了很长的时间,铝锅的表面变得难看。

一个双休日,若娜的爸爸妈妈去农场干活,只剩若娜一个人在家休息。闲着无聊时,若娜便准备做家务,给爸爸妈妈制造一个惊喜。她把地板拖得干干净净的,东西摆得整整齐齐。最后,看见摆在厨房的铝锅,就用钢丝球把铝锅擦得亮亮的。爸爸回来,看见若娜擦的铝锅,不仅没有夸若娜,还说:"这样不好,以后不用再擦这口锅了。"若娜见爸爸这样说,觉得很委屈,你知道爸爸为什么说若娜吗?

▌☞ 游戏提示

既然若娜的爸爸不许若娜再擦这口锅,这就说明用钢丝球擦锅,会使铝锅外面的某种特殊物质遭到破坏。

13 谁"差"钱

难度:★★
时间:2mins

一天,艾特去早市的一家肉店买肉,却看到一群人围在里面。艾特打听后,才知道,原来是一位盲人走进了一家肉店想买肉,他连叫了几声却无人回答。他知道无人,便伸手在放肉板上乱摸,哪知一下摸到了4枚1元的硬币,他赶忙把硬币放进口袋里,然后就要走出肉店。碰巧卖肉的人从屋内走出来见到了,便追出来抓住盲人,要他把钱拿出来。盲人大喊道:"天啊,欺负我是盲人,想抢我的钱啊!"艾特见了后,便当场知道谁骗人了,你知道艾特是怎么做的吗?

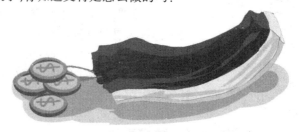

🖙 游戏提示

放在肉板上的硬币与放在口袋里的硬币会有哪些不同?

---

14 户主想要的东西

难度:★★★
时间:4mins

莱丘尔庄园由 9 个单元组成,这个庄园十分漂亮,到处都有看不完的风景。有 4 个人是老本宁顿五金新店的户主,上周搬进了在莱丘尔庄园购买的房屋。户主们到五金店购买施工人员忘记在每个单元都应该安装的东西。每一个价值 1 元,而 8 个也只花 1 元,16 个要花 2 元;如果顾客需要 150 个,则一共要花 3 元;如果订购 300 个,顾客也只需支付 3 元。最后,顾客一共花了 4 元,并买到各自想要的东西,开开心心地离开了。

那么,这几个顾客买了什么东西呢?

🖙 游戏提示

一些无用的数字,只能成为我们解题的障碍物。

---

15 骑车去农场

难度:★★
时间:2mins

迈克和约翰准备去朋友家的农场玩,可是他们家与朋友家相距很远。于是,他们准备骑车 20 千米。当骑过 4 千米的时候,迈克的自行车出了问题,他不得不把车子用链子拴在树上。由于很着急,他们决定继续尽快向前走。他们有 2 种选择:要么 2 人都步行；要么1个人步行，1个人骑车。他们都能以每小时4千米的速度步行或者以每小时8千米的速度骑车前进。她们决定制定一个计划，即在把步行保持在最短距离的情况下，利用最短的时间同时到达农场。那么，他们是如何安排步行和骑车的呢？

🖙 游戏提示

或许后者对于他们来说是最好的选择。

16 兼职生活

难度：★★★
时间：2mins

独立一向是米兰和安瑞最讲究的事情，她们俩从小就非常独立，读小学的时候，她们就开始了她们的兼职生涯。星期天，她们俩将家里养的小鸡拿到集市上去卖。

安瑞每天卖30只，两只卖1元，回家时她可以卖15元；米兰每天也卖30只，3只卖1元，一共可以卖10元。有一天，米兰生病了，于是她请安瑞帮她卖小鸡。安瑞带了60只小鸡去了集市，并以5只2元的价钱卖。当她回家时，她一共卖了24元。因此，这个要比两人分别卖所赚的钱少了1元。那么，为什么会少1元呢？是安瑞拿走了吗？

🖙 游戏提示

差错就出现在安瑞最后的两笔交易上。

17 影星爱牛市

难度：★★★
时间：2mins

影视大红人罗特是一名炒股爱好者。现在，他正研究有关炒股和赛马的新闻。他把比赛的胜者限定在3匹马：贝利，赔率4：1；萨拉，赔率3：1；胡弗斯，赔率2：1。罗特想计算出应该给每一匹马下注多少钱，这样不论哪匹马获胜他都可以赢13元。

比如，如果给每匹马下注5元，当贝利获胜时，他可以在它身上赢20元，而在另外两匹马身上输10元。请你试试，看能否在比赛开始之前解决罗特的这个难题。

游戏提示

根据题目所给的条件,应将最大的注下在胡弗斯的身上。

18 线索套

难度:★★★★
时间:2mins

得佳吉是这座城市最富有的商人。他有很多的钱,他喜欢把钱藏在自己的保险箱里。但他的记忆力很糟糕,这使他总是记不住自己保险箱上的由 3 个数字组成的密码。但是,他却可以利用贴在保险箱上的线索套提醒自己:第 1 个数字乘以 3 所得结果中的数字都是 1;第 2 个数字乘以 6 所得结果中的数字都是 2;第 3 个数字乘以 9 所得结果中的数字都是 3。那么,你能将这几个数字依次呈现吗?

游戏提示

算算哪个数乘以 3 可以得到 111。

19 奇特的音乐节目

难度:★★★
时间:2mins

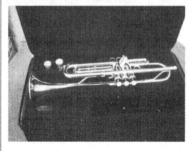

俄各尼堪称本世纪最奇特的音乐节目。休菘和霍德所演奏的两件乐器叫做贝莎风。在他们开始演奏之前,霍德将一个旧的手提箱放在桌子上,使这个箱子伸出桌子边大约 1/3。接着,便投入到经典的混成曲演奏当中。过了一会儿,这个手提箱突然翻倒在地,演出随即结束,这让大家很吃惊。手提箱里并没有任何钟表装置,那么,你知道他们的演出时间是如何控制的吗?

20 亲朋好友合影

难度:★★★
时间:3mins

在祖父 70 大寿的时候,爸爸把所有的亲戚都叫过来合影。爸爸发现,如果给每个人照 4 张照片的话,他需要 2 卷胶卷,因为他所需照的相片数比一卷胶卷多 4 张;然而,如果给每个人照 3 张照片的话,胶卷将会剩下 12 张。那么,爸爸叫了多少亲戚呢?一卷胶卷可以照出多少张照片呢?

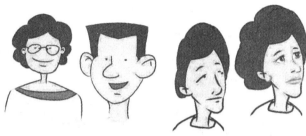

游戏提示

将题意和思路理清楚后,再开始做题。

21 纳塔兄弟

难度:★★★
时间:2mins

卡希斯城最著名的纳塔兄弟是双轮脚踏车赛的冠军,他们总是在 4 个长为 1/3 千米的椭圆形轨道上进行赛前练习。兄弟 4 人从中午开始每人沿着一个轨道进行骑车练习,他们各自的速度分别为每小时 6 千米、9 千米、12 千米以及 15 千米。直到他们第 4 次在圆圈中央相遇时才停下来。那么,他们需要骑多长时间呢?

游戏提示

计算出四兄弟行走 1 千米时各自所需要的时间。

22　加里时大钟

难度：★★★★
时间：4mins

重达3吨的加里时大钟将在普尔斯城进行展览，这个罕有的家伙在此次展览会上大放异彩。这个大钟既可以为13座城市报时，也可以体现季节的变迁，还可以显示太阳周围的行星运行的轨迹。这个大钟的出现，也引发了人们如下的疑问：从午夜到正午时分，大钟的时针和分针相遇（重合）了多少次？

👉 游戏提示

时针和分针在每个小时里相遇的时间会比前一个小时晚大约5分钟。

23　甜蜜的情侣

难度：★★★
时间：2mins

劳莱其和女朋友卡布萨特别喜欢散步。他们一起散步的时候，劳莱其总是牵着卡布萨的手，两个人并排走。劳莱其走路迈的步子大一些，所以卡布萨迈步子的速度要快一点，劳莱其走两步时，卡布萨可以走三步。这样两个人走路的速度是一样的。那么，如果两个人同时迈右脚开始走路，到他们同时迈左脚那一时刻，劳莱其需要走多少步？

👉 游戏提示

做这道题时，必须先将他们走路的步调弄清楚，以免做"无用功"。

24　关于芥末的调查

难度：★★
时间：1mins

芥末公司最近的芥末生意很清淡。为了使公司从低谷中走出来，老板委托电台调查公司做出一份调查报告表，单子中很详细地列出了有多少人喜欢辛辣的芥末、有多少人喜欢清淡的芥末。下面就是这份报表的详细数据：

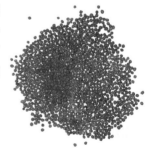

接受调查的人数……………………300人
喜欢辛辣芥末的人数………………234人
喜欢清淡芥末的人数………………213人

既喜欢辛辣芥末又喜欢清淡芥末的人数……144 人

从来不使用芥末的人数…………………0 人

当芥末公司认真研究这份报告之后,公司十分生气并立刻解除与电台调查公司的合作关系,原因是总数计算不正确。那么,你能否找出报告中的错误呢?

📢 游戏提示

问题可能出现在接受调查的总人数上。

25 著名的茶商

难度:★★★
时间:4mins

茶叶生意在唐人街非常红火,法易斯就是纽约唐人街著名的茶商之一。他正站在那里想,如何用一个简易秤将 20 千克的茶分放在 10 个 2 千克的袋子里。他在店里只找到两个砝码,一个是 5 千克,另一个是 9 千克。他知道称 9 次就可以完成,但是他却忘记怎么称了。那么,你能否在顾客光临之前帮助法易斯把这个难题解决呢?

📢 游戏提示

用 5 千克的法码秤出 4 千克的茶叶。

26 甜饼的诱惑

难度:★★★★
时间:4mins

有 3 个旅行家去了远方的埃比城,回来的时候,他们 3 人去了一家餐馆用餐。吃完饭后,他们点了一盘甜饼,并打算平分。可是,甜饼还没上来他们就都睡着了。第

一个人醒来时看见了甜饼,于是把他那份吃了,接着又睡着了。第二个人不久也醒了,也把认为属于他自己的那份甜饼吃了,然后很快又睡着了。最后,第三个人醒来发现了甜饼,把认为属于自己的那份吃了,然后也进入梦乡。他们在鼾声中度过了那一夜。第二天,服务员将盛有甜饼的碟子收走了,这时桌上剩下 8 块甜饼。那么,你知道桌子上原来有多少块甜饼吗?

📖 游戏提示

得用反向思维,从最后剩下的 8 块甜饼开始推算。

27 多难的旅途

难度:★★
时间:3mins

前不久,洲洲公司去当地的名海进行 3 日游旅行。途中,他们的车爆胎了。于是,司机用千斤顶把汽车托起,取下坏的轮胎,准备换上备用轮胎。当他正要在车轮上安装备用轮胎时,他把轮毂盖踢在地上。由于用力过猛,它飞出路边掉入了悬崖,5 个螺母也在这个轮毂盖上,而没有它们,轮胎就无法固定在车轮上。

"这样吧,"他说,"我得到我们刚才经过的城镇找几个螺母的替代品。"

"小家伙,那来不及了,"莎贝说,"你这么……做就可以了!"

那么,你知道莎贝想出什么办法应对这个旅行中的不幸吗?

📖 游戏提示

可以从其他三个轮胎上想办法。

28 史上苛刻的保姆

难度:★★★★
时间:4mins

森安夫妇俩生了一大群孩子,这些孩子都特别淘气,夫妇俩根本没法照看。他们今天晚上决定聘请史上最苛刻的保姆——塞德里克来照看他们所有的孩子。保姆暂时并不知道森安夫妇俩究竟有多少孩子,但是她知道每个女孩子兄弟姐妹的人数都相等,而每个男孩子的姐妹人数是兄弟的两倍。那么,你能根据这些信息判断出安德森夫妇有多少个孩子吗?

📖 游戏提示

若减去一个女孩,女孩跟男孩的人数是一样的;若减去一个男孩,女孩的人数是男孩人数的两倍。

29 与老爸共进晚餐

难度:★★
时间:1mins

奥斯汀在一家面包店工作,这家店的生意很好,奥斯汀每次都忙不过来。为了多陪陪年迈的父亲,奥斯汀每个星期天都会挤出一点时间,回家和爸爸共进晚餐(17:00)。奥斯汀住在利佛格罗夫,而他的爸爸住在市中心。教堂的茶叙时间(12:00)一过,奥斯汀就马上动身出发。很久以前,他就知道,如果按每小时15千米的速度骑车,他会在晚餐开始前一个小时到。但是,如果以每小时10千米的速度骑,他会迟到一个小时。如果奥斯汀想在晚餐时间正好到的话,他应该骑多快呢? 他工作的地方与家相距多远呢?

📖 游戏提示

先将奥斯汀住的地方跟家相隔的距离算出来。

30 活宝的表演

难度:★★★
时间:4mins

伦佐叔叔是洛莎家的一个大活宝,非常幽默,喜欢在餐后娱乐别人。虽然与威灵顿不是一个级别,但是他偶尔也有好的表现。这次,他肯定地说他可以让一个钢针漂浮在水上。请问,你能否想出这是怎么实现的吗?

📖 游戏提示

不妨试着将针寄托在一个具有吸水力的物体上。

31 哈林捡球

难度:★★★
时间:2mins

哈林是一名网球爱好者。一天,她在打网球的时候,不小心把球掉进球场的一个小洞里。这是一个老鼠洞,这个洞太深了,她够不到,而且由于洞到了中间就拐弯了,所以即便用木棍也无法把球拿出来。但是她并没有气馁，她很快就想出来一个好办法，并在 2 分钟之内把球拿了出来。那么，她是如何没有把球场挖开就拿到球的呢？

📖 游戏提示

可以想一个办法让球自己跑到洞口来。

---

32 散步在木板路上

难度：★★★★
时间：4mins

伙计们都知道木板路是亚特兰大市最引以为傲的特色。阿姆斯特的女朋友因车祸不幸失去了双手。每年夏天，阿姆斯特朗都会推着心爱的女朋友在木板路上散步，一直走到钢铁码头才返回。阿姆斯特的行车速度保持不变：当逆风而行时，他 4 分钟可以走 1 千米；当顺风而行时，他 3 分钟就可以走 1 千米。根据这些信息，你能否计算出他在没有风的时候走 1 千米用多长时间吗？

📖 游戏提示

我们可以先算出阿姆斯特在逆风情况下，一小时能行驶的路程。

---

33 5 个个位整数

难度：★★★
时间：3mins

5 个一位整数之和为 30，其中一个是 1，一个是 8，而这 5 个数的乘积是 2520。你能说出余下的是哪 3 个数吗？

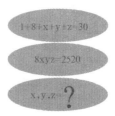

$1+8+x+y+z=30$

$8xyz=2520$

$x,y,z=?$

📖 游戏提示

先根据 5 个数的乘积是 2520，找出个位数中能被其整除的那个数。

34 扮演角色

难度：★★★
时间：4mins

一个名为"活出快乐"的演出团里有3个小丑，约翰、迪克和罗杰，他们每人总是扮演着两个角色。这6个角色分别是：卡车司机、作家、喇叭手、高尔夫球手、计算机技术员和理发师。请根据以下6条线索确定这3个小丑各自的工作：

卡车司机喜欢高尔夫球手的妹妹。

喇叭手和计算机技术员在和约翰骑马。

卡车司机嘲笑喇叭手脚大。

迪克从计算机技术员那里收到一盒巧克力。

高尔夫球手从作家那里买了一辆二手汽车。

罗杰吃比萨饼比迪克和高尔夫球手都要快。

📢 游戏提示

用排除法对给出的条件进行推测。

35 把钱存在"心"里

难度：★★★
时间：3mins

查燕妮喜欢把钱存在一个"心型"小存储罐中，朋友笑说她将钱装在"心"里，而且里面装的全部是硬币。当她数钱时，她发现了一个极巧的事：她的1500枚硬币正好是800元，硬币分为1元硬币、5角硬币以及1角硬币。那么，你能说出这些硬币各有多少个吗？

📢 游戏提示

1500枚硬币却值800元，那么面值为1元的硬币应该不少。

36 好人有好运

难度：★★
时间：3mins

　　佛肯很穷，但他很善良，非常爱自己的女友。一天，佛肯来到一处偏远的海边捡贝壳，准备为自己的女友打磨一串贝壳项链。这时，他看到海边上漂浮着一艘出了事故的船。当他走进破船时，无意间触到一个机关，打开看，里面全部是法币。他先提出来 4 袋钱，里面各有 60 枚、30 枚、20 枚和 10 枚金币。当他数完剩下 2 个袋子里的钱时，他发现这 6 个袋子法币的个数形成一个特殊的递进关系。那么，你能否根据这个情况计算出第 5 袋和第 6 袋里的法币个数呢？

游戏提示

第二袋法币的数量相当于第一袋法币的 1/2。

37 贵族的酒

难度：★★★
时间：3mins

　　在时尚与品位相结合的今天，品酒已成为上流人物的一大爱好。布莱恩是芝加哥北部最厉害的红酒商，他靠给上流社会提供转手酒发了大财。现在，我们看到布莱恩正把班尼最好的 20 箱酒送到他选出的 4 个客户那里。他是这样分配的：

　　汉拉迪家族获得的酒比荷兰人的咖啡厅多 2 箱。

　　埃德娜家族比萨尔家族少 6 箱。

　　萨尔家族比汉拉迪的家族多 2 箱。

　　荷兰人的咖啡厅比埃德娜家族多 2 箱。

　　那么，这几个家族各自获得几箱酒呢？

游戏提示

不妨按照布莱恩的分配将 20 箱酒做出一个统计表。这样，你很快就知道答案了。

38 世界之窗

难度:★★★
时间:2mins

世界之窗雕塑

"塞门,今天是这个工程的最后一天,而这个组就剩下我们两个人了。为了完成这个'世界之窗'的雕塑我们已经花了好几个月的时间,要知道这个月数跟我们组的人数相同!"

"是啊,路易斯,如果我们组再多6个伙伴的话,那么我们就可以在1个月内把这个雕塑完成!"

你能否根据上面的对话所给出的信息判断出雕塑组一共有多少人呢?

📢 游戏提示

不要忽略了塞门所提供的解题条件。

39 一百万的谜

难度:★★
时间:1mins

把一个只包括1和3的8位数重新排列,使它们后组成的数学表达式的结果等于100万。

1 3 1000000

📢 游戏提示

看清楚题意,其实这道题有多种解法。

40 爱动脑的小家伙

难度:★★★★
时间:4mins

莱西是一个非常爱动脑筋的小孩,一天,爸爸在一个袋子里先装了一些小米,用绳子扎紧袋子后,再装进了一些大米。在没有任何容器,也不能将它们倒在地上或其他地方的情况下,莱西能先把小米倒入另一个袋子中,你能做到吗?

大米

📢 游戏提示

可以试着先把空袋子的里面翻到外面,这样就能做好后面的工作。

41 真的假不了

难度：★★★★
时间：4mins

一天,安德和好朋友芙拉、比盖在学校的教室里一起做作业,很晚的时候,他们3人在走廊上捡到一张银行卡。3人都不约而同地想到办公室去交给老师。老师问他们,银行卡是谁拾到的。3个淘气的小家伙都笑着不作声,说是要考考老师。

安德说:"这卡不是我拾到的,也不是芙拉。"

芙拉说:"不是我,也不是比盖。"

比盖说:"不是我,我也不知道是谁拾到的。"

3个人还告诉老师,他们每人说的两句话中,一句真,一句假。于是,老师很快就判断出银行卡是谁拾到的了。

你知道银行卡是谁拾到的吗?

 游戏提示

比盖说的第一句话是真的,第二句话是假的。

42 遮挡不了的谎言

难度：★★
时间：2mins

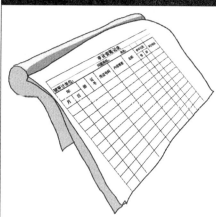

乔同恩格政府秘密文件被盗,这些文件与政府几十年来的财务有很大的关系。对此,政府表示,将调用一切财力和人力去追查。杰吉逊是参与这次案件的头号人物。一天,他来到嫌疑犯的住所,看到用纸拉门隔开的3个房间里,每个房间的中央都吊有一个电灯泡。中间房间的居住者被怀疑是此事件的嫌疑人,而那天晚上10点钟敲响的瞬间,他是否独自一人在家,成了揭开事件谜底的关键。A说那时自己一个人在家。两边的邻居也都证明说:"正好10点的时候看到纸门上有一个人的身影。"

听了这些话,杰吉逊严厉地看着A说:"你果然是在撒谎。"

请问,杰吉逊是怎么得出这个结论的?

 游戏提示

可以结合纸门与人影子来进行思考。

43 想象任你行

难度:★★
时间:2mins

有一个人死在沙漠中,而且是头朝下死的,身边散落着几个行李箱子,而这个人手里却紧紧地抓着半根火柴。

你能推出这个人是怎么死的吗?

📖 游戏提示

这个题目,没有标准的答案,你完全可以发挥出自己高超的想象力。

44 花心肠子吉米

难度:★★
时间:2mins

下面是花心肠子吉米对漂亮小姐弗里西所说的话:去年圣诞节前一天的早上,我和海军上尉海尔丁一同赶往海军在北极的气象观测站。突然,海尔丁摔倒了,大腿骨折。10分钟之后,我们脚下的冰层也开始松动了。我们开始向大海漂去。我意识到如不马上生个火,我们都会被冻死的,但是火柴用光了。于是,我取出一个放大镜,又撕了几张纸片,放在一个铁盒子上,用放大镜将太阳光聚焦后点燃了纸片。感谢上帝,火拯救了我们的生命。更幸运的是,24小时后我们被一艘经过的快艇救了起来。人人都说我临危不惧,采取了自救措施,是个英雄。"

弗里西小姐听后,说花心肠子吉米骗人。

你知道弗里西小姐是怎么知道的吗?

📖 游戏提示

注意一下,花心肠子吉米所说的时间与地点,跟发生的事是否有冲突。

45 古书的厚度

难度:★★
时间:2mins

书架上并排放着两本线装古书,分别为上册、下册。这两本书的厚度都是2.4厘米,封面和封底的厚度也都是1.5毫米。有一只书虫钻进了书中,它从上册的封面开始啃书,一直啃到下册的封底。你能计算出这只书虫啃了多厚的书吗?

📖 游戏提示

要根据书中的已知条件："这是两本线装古书,它的设计是向右翻页的"来解答这个问题。

46 嫌疑的迹象

难度：★★
时间：2mins

鲁布市发生了一起谋杀案,警察到达现场时,在浴缸旁发现几滴凶手的血。经化验,这个犯罪分子的血型是 AB 型。

侦察的结果,查出一名叫吉卡的中年老板有犯罪嫌疑。但警方前往拘捕时,却晚了一步,吉卡出国了,因而无法查出他的血型是什么。

于是警方转而调查吉卡父母的血型,他父亲的血型是 O 型,母亲的血型为 AB 型。此时,警方便排除了吉卡的嫌疑。你知道为什么吗?

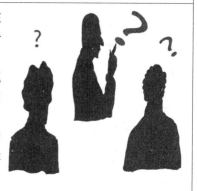

📖 游戏提示

根据父亲与母亲的血型相结合,吉卡的血型只有两种情况。

47 破案玄机

难度：★★
时间：1mins

一天早上,气温在 -100℃ 左右。这时,突然有个浑身湿漉漉的人,气喘吁吁地跑来警局。他对警局的组长说："我的朋友跳进湖里,凝结的冰突然破裂。他陷进去后,我跟着跳了进去,可是已经见不到人影。请你快叫人来帮忙。"于是,组长马上和小组成员们行动起来了。大家一起朝出事的地点走去。他们走了 1.5 公里路,看到了冰上的裂洞。组长把视线转移到那人身上,说："虽然不知道是何理由,但是,你就是那位杀害朋友的罪人。你认为我看不出你的破绽吗?"

请问,那人的破绽究竟在哪儿呢?

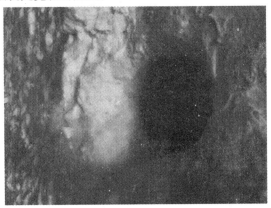

🖙游戏提示

将当时的气温与那人身上湿漉漉的衣服结合起来考虑。

48　三只茶杯

难度:★★

时间:2mins

现在有 3 只茶杯,它们的杯口全部朝下。如果规定你必须两只茶杯一起翻。请问:翻几次才能使 3 只茶杯全部口朝上?

🖙游戏提示

拿出 3 只茶杯,试一试,你就知道了。

49　芭芭拉偷点心

难度:★★★

时间:3mins

如图所示,每间房子里都有一块甜饼。老鼠芭芭拉想一次吃完所有的点心后,从 A 门出来。请问芭芭拉从 1~8 中的哪扇门进去,才不走重复路线?(每间房只允许进出各一次,并且不许从同一扇门进出)帮芭芭拉想一想该怎么走?

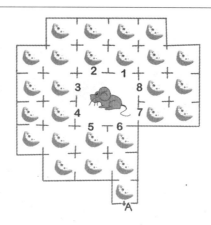

既要吃到所有的点心,又要不走重复的路线,路线势必会增加许多弯道。

50 警察的判断

难度:★★
时间:3mins

市区里又发生了一起命案,当警察们赶到现场的时候,死者正躺在车下。根据调查,死者死亡前虽开过车子,但他不是车主。车子案发当天上午被开过之后,一直没动过,但死者的死亡时间被确定为当天下午3点。后来,确证案发当时,车主正在法国度假。除了这两个人外,没有其他人与案件有关联。最后,警察宣布这根本不是一起犯罪案件。

请问:警察的依据是什么?

游戏提示

死者的死很可能与他所从事的职业有关。

答　案

第9章　50道探索思维游戏

1. 考古学家意识到,公元纪年始于耶稣诞生之后。在那之前的古币制造者是不可能预见到会有这种纪元方法的。公元前铸造的钱币,上面绝对不会这样来标记年份。

2. 把杯子倒着放进水里,这时由于杯子里面充满了空气,由于空气压力,水就不会流进去,杯子底部也就不会被弄湿了。

3. 因为家里如果再死一个人,又可以举行一次葬礼,那个很帅男子又会来参加葬礼,蜜妮安就又可以见到他了。

4. 一共是15艘客轮。从公司开往亚得的客轮,除了在海上会遇到13艘客轮以外,还会遇到2艘。

5. 雷斯快。可以从他的船后荡起的波浪夹角看出来,夹角小的船航行得快。

6. 安吉斯说自己从镶画的玻璃中看到歹徒的长相,这是他的漏洞,因为油画从来不用玻璃框镶。

7. 先将10个箱子编上序号,然后从第1箱取出1支,从第2箱取出2支。从第3箱取出3支……从第10箱取出10支,一共55支笔。如果全是铱金笔,其总重量是5500克。因此,如果称出的结果比5500克少10克,就说明55支笔中只有1支是替代品,拿出1支的第1箱就是替代笔;如果少20克,就有2支替代品,第2箱就是替代品……依此类推,最终便可以区分出哪一箱是替代品了。

8. 因天平的特性,所以无论你加减什么物体,它都会保持平衡。

9. 站在高压线上的小鸟,是站在同一根电线上的,而且电线的电阻没有小鸟两腿之间的电阻大,所以电线会把小鸟短接,在小鸟的两只脚之间不会有电压存在,也就不会有电流从它身上通过,所以小鸟不会触电。

10. 水位下降了。因为铁的比重远大于水,当铁块在小木盆里时,所排走的水的重量等于铁块的重量,大约为铁块体积的7.8倍。而铁块在水里所能排走的水量仅等于铁块的体积。

11. 在河道上撒煤粉或黑土。因为黑色物体吸收阳光中的热量多,冰雪可早日融化。在北方开冻季节,用这种办法可使河道提早通航2~3天。

12. 因为铝制品长期在空气中氧化,就会形成一层保护膜——氧化层,它可以防止铝进一步氧化,使铝锅使用寿命加强。

13. 叫店主端一盆水来,让盲人把4枚硬币放进水里。硬币进水后如果水面浮起油脂,那就证明钱是店主的。

14. 房屋的施工人员忘记把门牌号安装在各个单元内的各个房间上。他们在五金店把这些号码以每个1元出售。因为莱丘尔庄园只有9个单元,每间房屋只需要一个号码。

因此,4 个顾客买 4 个号码一共要花 4 元。

15. 迈克骑 1 个小时的自行车后把自行车放在路边,并继续步行 2 个小时,行走 8 千米后到达他的朋友家的农场;约翰步行 2 个小时后到达放自行车的地方,然后骑 1 个小时的自行车,这样他就能和迈克同时在最短的时间到达朋友家的农场。

16. 如果按照正常计算,米兰和安瑞分别会卖得 15 元和 10 元,一共是 25 元。当安瑞带 60 只小鸡去集市时,每 5 只小鸡中,2 只是自己的,3 只是米兰的,这样直到把米兰的小鸡卖完;接下来,她开始卖自己剩下的 10 只小鸡。按理说,她自己的 5 只小鸡应该价值 2.5 元,但是,在最后两笔交易中她每次都损失了 5 角。所以,最终少了 1 元。

17. 罗特应该按以下方式下注:贝利,12 元;萨拉,15 元;胡弗斯,20 元。当然,如果别的马获胜的话,罗特就太不走运了。

18. 37—37—37。这几个数计算如下:

$37 \times 3 = 111; 37 \times 6 = 222; 37 \times 9 = 333$。

19. 在演出开始之前,先在手提箱内放两样东西。在伸出桌子的那边放一大块铁,而在另一边放一大块冰,冰块的重量再加上手提箱这边的重量便可以抵消铁块的重量。但是,当冰块融化的时候,水就会均匀地分布在手提箱里,这样,铁块的重量足以使手提箱从桌子上掉下来。这也可以称得上是一种计时装置。

20. 爸爸一共邀请了 16 个亲戚朋友,一卷胶卷可以照出 60 张照片。

21. 四兄弟骑车行走 1 千米所用的时间分别是 1/6 小时、1/9 小时、1/12 小时和 1/15 小时。所以,他们行走一圈所用的时间就分别是 1/18 小时、1/27 小时、1/36 小时和 1/45 小时。这样,他们会在 1/9 小时之后第一次相遇(即 62/3 分钟)。4 乘以 62/3 分钟得出 262/3 分钟,即他们第四次相遇所需要的时间。

22. 11 次。时针和分针在每个小时里相遇的时间会比前一个小时晚大约 5 分钟。从午夜开始计算,两个指针会在以下时间相遇:1:05;2:10;3:16;4:21;5:27;6:32;7:38;8:43;9:49;10:54;12:00。

23. 无论走多久,他们都不可能同时迈左脚。他们走路的步调是这样的,劳莱其:右左右左右左右左,卡布萨:右左右左右左右左右左右左。可以看出,劳莱其迈左脚的时候,正好是卡布萨迈第二步的中间时刻,所以他们不可能同时迈出左脚。

24. 先分析一下调查结果:

(1)在食用辛辣芥末的 234 人当中,有 90 个人只食用辛辣芥末(234—144 = 90)。

(2)在食用清淡芥末的 213 个人当中,有 69 个人只食用清淡芥末(213 — 144 =69)。

这就说明有 3 类人群:

(1)只食用辛辣芥末的有 90 人。

(2)只食用清淡芥末的有 69 人。

(3)既食用辛辣芥末又食用清淡芥末的有 144 人。

共 303 人。然而报告上却显示只有 300 个人接受了调查。

25. 称量茶叶按以下步骤进行:(1)把 5 千克的砝码放在秤盘上。然后把 9 千克的砝码放在另一个秤盘上。现在,在 5 千克砝码的秤盘上称出 4 千克茶叶;(2)把两个砝码拿走,并把 4 千克茶叶放在一个秤盘上,然后再称出另外 4 千克茶叶(3)接着称出 4

千克茶叶(4)再称出 4 千克茶叶,这时,剩下的茶叶也是 4 千克;在(5)、(6)、(7)、(8)和(9)当中,利用天平的刻度将每份 4 千克的茶叶各分成 2 千克。

26. 因为桌上剩下的甜饼是第三个旅行者醒过来时的 2/3,所以他醒来时,桌上的盘子内会有 12 块儿甜饼;同样,这 12 块甜饼是第二个旅行者醒过来时的 2/3,所以,他醒来时,盘子里有 18 块甜饼,这 18 块甜饼是第一个旅行者醒来时的 2/3,这就是说盘子里原来有 27 块甜饼。

27. 莎贝建议他从其他 3 个轮胎上各拆下一个螺母,然后把它们安装在第四个轮胎上。慢慢地把车开到一个城镇,在那里就可以再买 5 个螺母。

28. 森安夫妇有 4 个女儿,3 个儿子。

29. 奥斯汀住的地方和家相距 60 千米。如果他以每小时 15 千米的速度骑车的话,他会在下午 4 点到(即晚餐开始前一个小时)。如果他以每小时 10 千米的速度骑的话,他会花 6 个小时(即迟到一个小时)。所以,奥斯汀以每小时 15 千米的速度骑车,他会花 5 个小时,他将在下午 5 点准时到达。

30. 将一个宽口玻璃杯倒满水,剪一块比缝纫针稍宽的软纸,把这根针轻轻地放在纸的中间,然后把这张有针的软纸放入水中。过一会儿,软纸会因吸满水而沉入杯底,此时这根针将因为水面张力的扶持而漂浮在水面上。

31. 哈林让俱乐部的场地管理员通过附近的水管把洞里灌满水,这样网球就浮出了水面。

32. 逆风而行时,他每小时可以行 15 千米,顺风而行时,他每小时可以行 20 千米,两种情况下每小时差了 5 千米。5 千米的一半是 2.5 千米,所以,风的速度是每小时 2.5 千米。这样,在没有风的时候,他骑车的速度就可以达到每小时 17.5 千米,即 15 千米和 20 千米之间的数。60 分钟/17.5 千米 = 3600 秒/205.7 秒/千米 = 3 分钟 26 秒/千米(没有风的时候)

33. 2520 显然可以被 5 和 10 整除。但因为每个数都只有一位,所以得排除 10。于是其中有一个数必须是 5。把已知数相加(8 + 1 + 5)得 14。因为 30 - 14 = 16,所以剩下两数之和为 16。把已知数相乘(8 × 1 × 5)得 40,而 2520/40 = 63,所以剩下两数之积为 63。而两数相加得 16,相乘得 63 的数只有 7 和 9。所以答案是 5、7 和 9。

34. 约翰扮演了高尔夫球手和理发师;迪克扮演了喇叭手和作家;罗杰扮演了计算机技术员和卡车司机。

35. 每种面值的硬币各有 500 枚,它们依次为:500 枚 1 元硬币制 500 元;500 枚 5 角硬币 = 250 元;500 枚 1 角硬币 = 50 元。

36. 第 1 袋:60 枚法币
   第 2 袋:30 枚法币(1/2)
   第 3 袋 = 20 枚法币(1/3)
   第 4 袋 = 15 枚法币(1/4)
   第 5 袋 = 12 枚法币(1/5)
   第 6 袋 = 10 枚法币(1/6)

37. 萨尔家族获得 8 箱,汉拉迪家族获得 6 箱,荷兰人的咖啡厅获得 4 箱,埃德娜家族获得 2 箱。

38. 这个雕塑组一共有3个石匠。如果3个人用3个月将"世界之窗"刻完,那么,1个人要用9个月才能完成,而9个人则用1个月就可以完成。

39. 这道题有多种解法,下面是其中的一种解法:333333×3+1=1000000

40. 先把空袋子的里面翻到外面,接着将袋子上半部分的大米倒入空袋子,解开原先袋子的绳子,并将它扎在已倒入大米的袋子上,然后把这个袋子翻过来,再把小米倒入袋子。这时候,把已倒空的袋子接在装有大米和小米的袋子下面。把手伸入小米里解开绳子,这样大米就会倒入这只空袋子,另一个袋子里就是小米。

41. 银行卡是芙拉捡的,因为比盖说银行卡不是他拾的,也不知道是谁拾到的,由此就可以判定:他的第二句话是假的,第一句话是真的。由此可以判断芙拉说的第一句话是假的,所以银行卡就是芙拉拾的。

42. 在只有一个灯泡的房间里,不可能在房间的两面纸门上都照有人影,所以中间的房间应该有两个人。

43. 此题无标准答案,任你去想象,例:几个人乘热气球旅行,路过沙漠,气球漏气,很危险。大家把行李全都扔下去了还不行。只好扔下去一个人,大家决定拿几根火来决定,谁抽到半根就把谁丢下去。事情就是这样。

44. 在圣诞节前一天,花心肠子吉米是无法利用太阳光在北极圈内生火的。因为从当年10月到大约第二年3月期间,北极圈里是没有阳光的。

45. 3毫米

46. 当父亲为O型血,母亲为AB型血时,吉卡的血型只能为A型或B型。所以,他不是凶手,凶手另有其人。

47. 这个声称为救朋友而跳进湖里的人,在零下5摄氏度的气温下走了1.5公里,照理来说,裤子早该结冰了。而他却全身湿漉漉的。说明他只是到警局附近才故意弄湿自己,以掩饰谋害朋友的罪行。

48. 永远无法做到。

49. 芭芭拉从第8扇门进去,这样能一次吃完所有点心且路线不重复。其路线如下图:

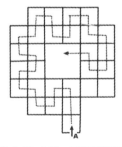

50. 死者是个修理工。他躺在车下修车的时候,千斤顶松脱,车子砸下来把他压死了。

第十章　60道综合思维游戏

1 荒谬的法律

难度：★★★
时间：3mins

古时候,有一个国家的国王为了让更多的男人能有更多的妻子,就颁布了这样一条法律:一位母亲生了第一个男孩后,她就立即被禁止再生小孩。这样的话,有些家庭就会有几个女孩而只有一个男孩,就不会有一个以上的男孩。所以,用不了多久女性人口就会大大超过男性人口了。你认为这条法律可以实现他的"愿望"吗?

游戏提示

要抓住问题的关键是,生男女的比例并不受胎次的影响。

2 活宝吹牛

难度：★
时间：1mins

南希和琳娜是班上的两大活宝,特别受欢迎。他俩有一个共同的特点,就是爱吹牛。自习课上,他俩又开展了一场吹牛比赛,比赛谁吃得多。南希说:"我能把江里的水一口喝了,我能把南极洲当蛋糕吃了,我还能把地球当成丸子一口吃了。"琳娜说了一句话,南希输了。你知道琳娜说的是什么话吗?

游戏提示

当敌人消失时,就能取胜。

3 专业的刑警

难度：★★★
时间：3mins

霍米先生是一名经过专业训练的刑警。基于他出色的表现,上司让他去欧洲免费度假。一天,他在海滩上享受完日光浴后,回到了宾馆。正在这时,从走廊传来女人的呼救声。他循声找去,在 213 房间门前站着一个年轻妇女在哭喊着。从开着的门看到房间里一个男人倒在安乐椅上。对尸体做了简单检查后,确认此人刚死,子弹穿入心脏。

当地警署也派人来了。那个年轻妇女边哭边说:"几分钟前,听到有人敲门。我打开门时,门外一个戴面具的人,朝我丈夫开了枪,把枪扔进房间就跑了。"地毯上有一支装着消音器的手枪,左侧两个弹壳相距不远,在死者身后的墙上有一个弹洞。

霍米告诉警署人员:"把这位太太带回去训问。"
霍米为什么对死者的妻子产生了怀疑呢?

📢 游戏提示

想想弹子落地的方向,你就知道原因了。

---

4 与男友逛夜市

难度:★★★★
时间:8mins

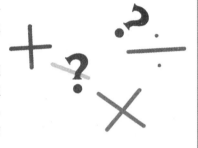

与男友塞尔特一起逛夜市时,梅薇思在一个地摊上看到了自己非常喜欢的 4 个小挂件。这 4 个挂件总共 6.75 元,其中有两件分别是 1 元和 2.25 元。当男友准备付钱时,梅薇思发现摊主用笔算价时写的是 0.25 乘以 27!她正准备提醒摊主时,却惊奇地发现,纸上算出的数字也是 6.75 元。摊主没有算错数字,那么,你知道这 4 件小饰品的单价各是多少?

📢 游戏提示

将其中的一个小挂件的价钱尾数设为 0.5,然后去掉已知的 1 元。

---

5 着色十二面体

难度:★★★
时间:3mins

把十二面体所有的面着色,相邻的面颜色不同,共需要多少种颜色?

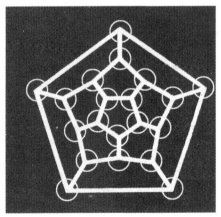

📢 游戏提示

找出彩色的铅笔出来试一试就知道了。

6 去农场的路

难度:★★
时间:3mins

斯特去农场时,要经过一条没有桥的河,而且河水很深。可斯特却能够迅速地从河的一侧跑到另一侧,并且他的身上是干的,没有一滴水。你知道这是为什么吗?

📖 **游戏提示**

水存在着几种状态,想想当它呈现何种状态时,斯特能够顺利地过河。

7 布鲁克的疑问

难度:★★★
时间:5mins

聪明好动的布鲁克喜欢从生活中去发现问题。一天,他问爸爸:把两杯不同温度的水放在同一个冰箱里,温度高的一杯与温度低的一杯哪个冷得快?

📖 **游戏提示**

冷却的快慢是由液体上表面与底部的温度差决定的。

8 侦探行动

难度:★★★★★
时间:8mins

约瑟安是一名侦探,最近,他查到了一伙抢劫犯。这伙抢劫犯现在锁定了一个目标——火车,现在他必须解救午后乘车的旅客。他想发信号使刚刚从隧道中出来的火车停下,但是距离太远。正好,有辆客车冲出隧道另一端的入口进入,这辆客车正以75千米/小时往前行驶,这条隧道长为0.5千米,而火车需要6秒钟才能完全进入隧道。如果约瑟安以最快的速度跑,他到达隧道的出口需要27秒的时间。那么,要使火车司机在看到信号后停车,他是否足够快呢?

📖 **游戏提示**

先算出客车经过隧道时需要的时间。

9 法式利饼干

难度：★★★
时间：2mins

洛恩的妈妈从法国出差回来,带了一盒法式利饼给她。洛恩非常喜欢妈妈送给她的礼物,因为她特别喜欢吃这种饼干。正当她打开饼干盒时,她的4个朋友就先后到了,她不情愿地把其中的一半和半个饼干分给了她的朋友瑞本;然后,把剩下的一半饼干和半个饼干分给了利娜莎;接着,她又把剩下的一半饼干和半个饼干分给了拉拉安;最后,她把盒子里

剩下的一半饼干和半个饼干分给了比特。这样,可怜的洛恩就把盒子里的饼干都分了出去,她真是伤心极了。

那么,你能计算出盒子里原来有多少小饼干吗?（注意,洛恩绝对没有把盒子里的饼干弄成两半。）

☞游戏提示

利用反向思维,从后面开始推算。

10 生日宴会

难度：★★★
时间：2mins

赫瑟尔的祖父是一个名副其实的老顽童。他是一名军校校长,但他对赫瑟尔相当宠爱。他告诉赫瑟尔,自己年轻的时候,曾办过一个非常热闹的生日宴会。当时有 10 位家庭成员,此外还有许多客人。其中,有 1 个祖父和 1 个外祖父、1 个祖母和 1 个外祖母、3 个父亲和 3 个母亲、3 个儿子和 3 个女儿、1 个婆婆和 1 个岳母、1 个公公和 1 个岳父、1 个女婿、1 个儿媳、2 个弟兄、2 个姐妹。

你能根据赫瑟尔的祖父的叙述,推算出参加祖父生日宴的家庭成员与家庭的关系吗?

☞游戏提示

别忘记了主角是祖父。

11 外祖父的答案

难度：★★★
时间：4mins

周末,贝拉去探望外祖父。才进门,贝拉就给外祖父写了一组下图的数,想考考外祖父,并要求外祖父快速地说出它们的答案。谁知,外祖父看到了这个题目后,马上说出了答案,你知道外祖父说的答案都是什么吗?

> **游戏提示**
>
> 先计算出其中的两道小题,你就会发现隐藏在其中的规律。

12　朋友的笑容

难度:★★
时间:2mins

吉歇尔今天早上去上班时,看到好朋友葛佳丝塔芙的脸上堆满了笑容。吉歇尔便笑着问她:"噢,亲爱的,什么事令你这么开心,能说给我听听吗?"葛佳丝塔芙回答说:"亲爱的吉,我终于把那辆破车卖掉了。原来我标价1100元,可没有人感兴趣。于是,我把价钱降到880元还是没有人感兴趣,我又把价钱下调到704元。最后,出于绝望,我再一次降价。今天一早,维威尼把它买走了。那么,你猜猜我卖了多少钱?

> **游戏提示**
>
> 看看上一次的价钱与下一次价钱之间存在一个怎样的规律,你就知道答案了。

13　犯愁的设计

难度:★★★
时间:3mins

集邮是很多人的爱好,邮票拥用很多的忠实"粉丝"。每一张邮票都有它背后的历史。想想能收集一张有纪念价值的邮票,也是令人感到非常兴奋的事情。你能设计出一套邮票,最多只贴3枚,就可以支付1~70元的所有邮资吗? 这套邮票最少多少枚? 面额分别是多少?

> **游戏提示**
>
> 得用到4个奇数和3个偶数,才能自由组合。

14 完美柏尼斯

难度：★★
时间：1mins

柏尼斯经过爸爸妈妈的调教，成了一个将幽默与智慧进行完美结合的小学生。在他的身上，你可以看到很多与美相结合的事物。一天，柏尼斯想跳过两米宽的一条山沟，可试了好几次都以失败告终。可是后来，他什么工具也没用就达到了目的。你知道他用的是什么好办法吗？

☞ 游戏提示

要注意题中的关键字"后来"。

15 阿米斯的问题

难度：★
时间：1mins

有7幢房子，每幢养了7只猫，每只猫吃了7只老鼠，每只活的老鼠会吃掉7个麦穗，而每个麦穗可以产7单位面粉。问这些猫挽救了多少单位面粉？

☞ 游戏提示

这道游戏并不需要你单独算出猫的数量或是老鼠的数量来。

16 使用圆形的理由

难度：★★★
时间：3mins

下水道的盖子为什么是圆形的？请给出三条理由。当然，"因为下水道是圆的"这种回答不能算。

☞ 游戏提示

从下水道盖子的用途、重量，以及圆形与其他形状相比的优势上去延伸思考。

17 六个相似点

难度:★★★
时间:2mins

你知道吗,一副扑克牌至少在 6 个方面与日历有着惊人的相似之处。赶快来猜一猜,看你能猜中几点?

📖 游戏提示

与日历及扑克牌上面的数字、图案有很大的联系。

18 哈佛式数学题

难度:★★★★★
时间:4mins

鲁斯和湘丝两人是班上默认的"小数学家",他们两人专门研究一些难题,这些数学难题中难免有一些看起来非常奇怪的计算题。周末,数学老师给了他们两人一份哈佛式数学题,其中就有两道题,鲁斯和湘丝弄了好半天,也没做出来。好学的你,能告诉他们俩,下面的字母分别代表的是什么数字吗?

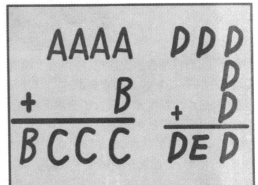

📖 游戏提示

1. A 必定是最大的数,而 C 是最小的数。

2. 3 个 D 相加,所得的个位数还是等于 D,那么这个数只有 5 和 0。

答　案

第 10 章　60 道综合思维游戏

1. 不可能。按照统计规律,全部妇女所生的头胎中男女比例各占一半。如果母亲生了男孩就不能再生孩子,而生女孩的母亲仍然可以生第二胎,比例是男女各占一半。生男孩的母亲退出生育队伍,生女孩的仍然可以生第三胎。在每一轮比例中,男女的比例都各占一半。因此,将各轮生育的结果相加起来,男女比例始终相等。当女孩们成长起来成为新的母亲时,上面的结论同样适用。

2. 琳娜说:"我能把你吃了。"

3. 如果真像她所讲的那样,歹徒是在门外朝她丈夫开枪,弹壳就不会落在房间里,也不会落在左侧。因为从自动手枪里飞出的弹壳应该落在射手的右后方几英尺处。

4. 4 件小饰品的单价分别为 1 元、1.5 元、2 元、2.25 元。

5. 只需 3 种颜色,如图。

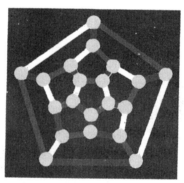

6. 河结冰了,斯特是在冰上走的,所以身上没有水。

7. 温度高的一杯冷得快。热水急剧冷却时,这种温度差较大,而且在整个冻结前的降温过程中,热水的温度差一直大于冷水的温度差。上面的温度愈高,从上面散发的热量就愈多,因而降温就愈快。

8. 以 75 千米/小时的速度,客车穿过 0.5 千米的隧道需要 24 秒(1 小时为 3600 秒,除以 75 千米/小时,得出火车行驶 1 千米需要 48 秒的时间。这样,穿过 0.5 千米的隧道就需要 24 秒)。这就是说,当约瑟安到达隧道出口时,火车头已经从隧道口出来并行驶了 3 秒;因此时间太晚,他无法引起司机的注意。但是,由于火车完全进入隧道需要 6 秒的时间,所以等最后的车厢从隧道出来也需要 6 秒的时间。从约瑟安开始向隧道出口跑,整个火车需要 30 秒才能驶出隧道。而约瑟安跑到隧道出口需要 27 秒,这足够可以吸引煞车手的注意,从而拯救乘车的旅客。

9. 可怜的洛恩一共有 15 块饼干。瑞本得到 7.5 + 0.5。即 8 块饼干,还剩下 7 块;利娜莎得到 3.5 + 0.5,即 4 块饼干,还剩下 3 块;拉拉安得到 1.5 + 0.5,即 2 块饼干,还剩下 1 块比特得到 0.5 + 0.5,即 1 块饼干,而洛恩则一块也没有。

10. 祖父的生日宴会有许多人参加。下面列出的是在场的家庭成员,其中也包括祖父:2 个弟兄、2 个姐妹,他们的父母,以及父母各自的父母——这样,对孩子而言就有 1 个祖父和 1 个外祖父,1 个祖母和 1 个外祖母。因此,共有 10 位家庭成员。

11. 规律是:得数的位数是被乘数和乘数的和,而个位上的数必定是 3,被乘数有多少位,在 3 的前面就有被乘数的位数减 1 个 2,在 2 的前面是 6,6 的前面就有被乘数的位数减 1 个 7。

$7 \times 9 = 63$

$77 \times 99 = 7623$

$777 \times 999 = 776223$

$7777 \times 9999 = 77762223$

$77777 \times 99999 = 7777622223$

$777777 \times 999999 = 777776222223$

$7777777 \times 9999999 = 77777762222223$

$77777777 \times 99999999 = 7777777622222223$

$777777777 \times 999999999 = 777777776222222223$

12. 葛佳丝塔芙每次都在前一次的基础上降价 20% ,所以,最后的售价是 563.20 元。

13. 最少要 7 枚邮票,面额分别是 1 元、4 元、5 元、15 元、18 元、27 元与 34 元。

14. 他长大成人后,实现了自己的愿望。

15. 16807,就是 $7 \times 7 \times 7 \times 7 \times 7 = 16807$。这个问题来自古埃及的"莎纸游戏",由阿米斯记载于公元前 1850 年。这或许是世界上最早的智力题,它们激发了后人的许多灵感。

16. 1. 圆形的盖子不会突然掉进下水道,而正方形或其他多边形就有可能。

   2. 沉重的圆盖子可以滚到目的地,而其他形状的就不行。

   3. 无论怎么盖,圆形盖子都能把洞盖严实,而正方形的只能把四角都对准位置才能盖下去。

17. (1)常用的扑克牌有 52 张(除两张王牌),而一年则有 52 周(2)每一种花色的扑克牌都有 13 张,而每个季节都有 13 周;(3)扑克牌有 4 种花色,而一年四季;(4)一副扑克牌有 12 张肖像画(J、Q、K 的总数),而一年则有 12 个月;(5)红色的扑克牌代表白天,而黑色的扑克牌则代表黑夜;(6)如果你把所有的数值都相加,其中 J 等于 11,Q 等于 12,K 等于 13,总数等于 364,再加上 1 张王牌或两张王牌(每张当 1 看),就得到一年的天数。

18.

```
  9999        555
+    1      +   5
------      -----
10000        565
```